Les prépositions suivies de l'accusatif

durch : par, à travers, grâce à	*Er fährt durch **die** Stadt.* Il passe par la ville.
für : pour	*Für **mich** ist das klar.* Pour moi c'est clair.
gegen : contre	*Er ist immer gegen **alles**.* Il est toujours contre tout.
ohne : sans	*Sie kam ohne **ihren** Mann.* Elle est venue sans son mari.
um : autour de, à (heure)	*Sie hatte einen Schal um **den** Hals.* Elle portait un foulard autour du cou. *Die Vorstellung beginnt um 2 Uhr.* La représentation commence à 2 heures.

Les prépositions suivies du datif

aus : de, hors de, de (provenance), en (matière)	*Er stammt aus **München**.* Il est originaire de Munich. *Der Mantel ist aus **echtem** Leder.* Le manteau est en cuir véritable.
bei : chez (lieu où l'on est), en (simultanéité), près de	*Er wohnt bei **seinen** Eltern.* Il habite chez ses parents. *Beim Essen liest er Zeitung.* En mangeant il lit le journal.
mit : avec	*Kommst du mit **mir** mit?* Est-ce que tu viens avec moi ?
nach : après, vers (direction)	*Nach **den** Ferien geht er in die Lehre.* Après les vacances il entre en apprentissage. *Sie fuhr nach **Italien**.* Elle alla en Italie.
seit : depuis	
von : de, depuis	

D1146503

von … ab / an : à partir de	*Von heute ab ist (es) geschlossen.* À partir d'aujourd'hui c'est fermé.
zu : à, jusqu'à, chez (lieu où l'on va)	*Kommst du zu mir?* Est-ce que tu viens chez moi ?

Les prépositions suivies du génitif

Très souvent le génitif a tendance à disparaître et à être remplacé par le datif.

statt : au lieu de	*Statt seines Freundes kam sein Bruder.* Au lieu de son ami, c'est son frère qui vint.
trotz : malgré	*Sie wollte trotz des Regens (dem Regen) hinaus.* Elle voulait sortir malgré la pluie.
während : pendant	*Während der Fahrt sagte sie kein Wort.* Pendant le trajet elle ne disait pas un mot.
wegen : à cause de	*Wegen eines Unfalls (einem Unfall) konnte er nicht kommen.* A cause d'un accident il n'a pas pu venir.

▶ Les prépositions spatiales peuvent être suivies de l'accusatif ou du datif.

■ **Elles sont suivies de l'accusatif** quand il y a déplacement ou changement de lieu.

■ **Elles sont suivies du datif** lorsqu'il n'y a pas de déplacement ou de changement de lieu. **(Voir fiche 22, page 47.)**

an : à, au contact de	*Ich schreibe es an die Tafel.* Je l'écris au tableau. *Es steht an der Tafel.* C'est écrit au tableau.
auf : sur	*Er stellte zwei Teller auf den Tisch.* Il mit deux assiettes sur la table. *Es liegt auf der Hand.* C'est évident.
hinter : derrière	*Sie stellte das Fahrrad hinter die Tür.* Elle posa le vélo derrière la porte. *Sie wartete hinter der Tür.* Elle attendait derrière la porte.
in : dans, en	*Er fährt in die Stadt.* Il va en ville. *Er lebt in der Stadt.* Il vit en ville.
neben : à côté	*Sie setzte sich neben mich.* Elle s'assit à côté de moi. *Sie sitzt neben mir.* Elle est assise à côté de moi.
über : au-dessus	*Er geht über die Straße.* Il traverse la rue. *Über dem Tisch hängt eine Lampe.* Au-dessus de la table il y a une lampe.
unter : sous	*Ich legte es unter ein Kissen.* Je le mis sous un coussin. *Er liegt unter einem Baum.* Il est allongé sous un arbre.
vor : devant, il y a	*Er setzte sich vor mich.* Il s'est assis devant moi. *Vor einer Woche ist er abgereist.* Il est parti il y a une semaine.

zwischen : entre	*Sie legt es zwischen die zwei Bücher.* Elle le met entre les deux livres. *Zwischen den zwei Türen steht ein Schrank.* Entre les deux portes il y a une armoire.

11 DÉCLINAISON DU GROUPE NOMINAL

▶ Pour la maîtriser il faut d'abord connaître la déclinaison de l'article défini (et du substantif, mais c'est beaucoup plus simple).

Déclinaison de l'article défini

	Masculin	Féminin	Neutre	Pluriel
Nominatif	*der*	*die*	*das*	*die*
Accusatif	*den*	*die*	*das*	*die*
Datif	*dem*	*der*	*dem*	*den* -den
Génitif	*des* -(e)s	*der* -(e)s	*des*	*der*

Déclinaison du substantif

■ **On ajoute** -(e)s au génitif masculin et neutre.
Die Eltern des Kindes waren zufrieden.
Les parents de l'enfant étaient contents.

■ **On ajoute** -(e)n au datif pluriel.
Man schenkte den Kindern Bonbons.
On offrait des bonbons aux enfants.

■ **Exception** : les masculins faibles prennent la désinence -*en* à tous les cas autres que le nominatif singulier.

DÉCLINAISON DE L'ADJECTIF ÉPITHÈTE

Il faut distinguer deux cas de figure :

■ **Le groupe nominal est précédé d'un déterminant** qui porte la marque du cas et du genre : *der, die, das* ou *ein, eine, ein,* ou un dérivé *(dieser, mein, sein…)*.
Voir 1. Déclinaison faible et 2. Déclinaison mixte.

■ **Le groupe nominal n'est pas précédé d'un déterminant.**
Voir 3. Déclinaison forte.

1. Déclinaison faible

Après un déterminant de type *der, die, das*.

■ **Il y a cinq cas à repérer :**

	Masculin	Féminin	Neutre
Nominatif	*-e*	*-e*	*-e*
Accusatif		*-e*	*-e*

Wir haben dieses neue Buch gekauft.
Nous avons acheté ce nouveau livre.

■ **Pour tous les autres** cas la désinence est *-en*.

der junge Mann, die jungen Männer
le jeune homme, les jeunes hommes

Ich bekam die besten Noten.
J'ai eu les meilleures notes.

2. Déclinaison dite mixte

Après un déterminant de type *ein, eine, ein* (au pluriel *keine*)
ou un adjectif possessif.

■ **Il y a cinq cas à repérer :**

	Masculin	Féminin	Neutre
Nominatif	*-er*	*-e*	*-es*
Accusatif		*-e*	*-es*

ein hübsches Mädchen : une jolie fille

■ Pour tous les autres cas la désinence est *-en*.

seine besten Freunde : ses meilleurs amis

3. Déclinaison forte

■ **Le groupe nominal n'est pas précédé d'un déterminant.**
C'est alors l'adjectif épithète qui porte la marque du cas et du
genre (même déclinaison que l'article défini ; voir ci-dessus)
sauf dans deux cas rares : le génitif masculin et neutre, qui sont
en *-en* (au lieu de *-es*).

Ich möchte frisches (das) Wasser / frische (die) Brötchen.
Je voudrais de l'eau fraîche / des petits pain frais.

Wir kaufen eine Flasche guten Weins.
Nous achetons une bouteille de bon vin.

■ **Les adjectifs possessifs** se déclinent comme l'article indéfini.

■ **Attention** : le choix de l'adjectif possessif de la troisième personne se fait en fonction du propriétaire et non, comme en français, de l'objet possédé.

sein Hund : son chien (le propriétaire est un homme)

ihr Hund : son chien (le propriétaire est une femme)

Singulier	Masculin	Féminin	Neutre	Pluriel
1ʳᵉ pers.	*mein*	*meine*	*mein*	*meine*
2ᵉ pers.	*dein*	*deine*	*dein*	*deine*
3ᵉ pers. (propr. masculin et neutre)	*sein*	*seine*	*sein*	*seine*
3ᵉ pers. (propr. féminin)	*ihr*	*ihre*	*ihr*	*ihre*

Pluriel	Masculin	Féminin	Neutre	Pluriel
1ʳᵉ pers.	*unser*	*unsere*	*unser*	*unsere*
2ᵉ pers.	*euer*	*eure*	*euer*	*eure*
3ᵉ pers.	*ihr*	*ihre*	*ihr*	*ihre*
Forme de polit.	*Ihr*	*Ihre*	*Ihr*	*Ihre*

■ **La négation globale** porte sur l'ensemble de la proposition. Elle se traduit par *nicht*, qui se place devant le groupe verbal ou en fin de phrase autonome.

*Sie bleibt **nicht** zu Hause.* (groupe verbal : *zu Hause bleiben*)
Elle ne reste pas chez elle.

*Er will **nicht** zugeben, **dass** er schuldig ist.*
Il ne veut pas reconnaître qu'il est coupable.

*Ich nehme ihn **nicht** mit.* (groupe verbal : *mitnehmen*)
Je ne l'emmène pas.

*Sie mag seinen Kaffee **nicht**.*
Elle n'aime pas son café.

■ **La négation partielle** porte sur un mot ou sur une partie de la phrase. Elle se traduit :

• **Soit par *nicht*** (et exprime une opposition, suivie souvent de *sondern*) *Nicht er war zornig, **sondern** sein Bruder.*
Ce n'est pas lui qui était en colère, mais son frère.

*Er fährt **nicht** nach Frankfurt, **sondern** nach Stuttgart.*
Il ne va pas à Francfort, mais à Stuttgart.

• **Soit par *kein*** (devant un article indéfini ou un partitif) et se place devant le mot nié.

*Er trinkt **keinen** Kaffee.*
Il ne boit pas de café.

*Sie hat **keine** Lust, ins Kino zu gehen.*
Elle n'a pas envie d'aller au cinéma.

■ **Quelques locutions négatives**

noch nicht : ne… pas encore	*nicht mehr* : ne… plus
gar nicht / gar nichts : pas du tout / rien du tout	*nicht einmal* : même pas
nicht nur… sondern auch : non seulement… mais encore / aussi	*weder… noch* : ni… ni

▶ Il y a trois genres en allemand, et peu de points de repère. Cependant, vous pouvez connaître assez facilement le genre de certains mots.

Masculins

Les noms de métiers : beaucoup en -er	*der Lehrer* : le professeur *der Physiker* : le physicien *der Chemiker* : le chimiste *der Friseur* : le coiffeur *der Ingenieur* : l'ingénieur *der Arzt* : le médecin…
Les noms formés sur le radical d'un verbe	*der Gewinn* : le gain, le bénéfice, formé sur *gewinnen* : gagner *der Verkehr* : la circulation *der Vergleich* : la comparaison
Les mois et les jours	*am Sonntag* : le dimanche *im Juni* : en juin
Les noms en -ling	*der Lehrling* : l'apprenti *der Säugling* : le nourrisson *der Flüchtling* : le réfugié
Les noms en -ismus	*der Kapitalismus* : le capitalisme *der Kommunismus* : le communisme
Les phénomènes atmosphériques	*der Regen* : la pluie *der Wind* : le vent *der Sturm* : la tempête
Les marques de voiture	*der Volkswagen, der Mercedes, der Renault*

Féminins

Les noms à suffixe en -ung, -heit, -keit, -schaft, -ät, -ion, -ei	*die Haltung* : l'attitude *die Freiheit* : la liberté *die Flüssigkeit* : le liquide *die Gesellschaft* : la société *die Diät* : le régime alimentaire *die Nation* : la nation *die Liebelei* : l'amourette

Les noms de métier féminins : en général en -in	*die Lehrerin* : la professeur *die Chemikerin* : la chimiste
La plupart des noms en -t ou -e	*die Macht* : le pouvoir *die Länge* : la longeur
Les noms d'arbres : sauf avec le suffixe -*baum*, masculin **Une exception :**	*die Tanne* : le sapin *die Eiche* : le chêne *die Buche* : le hêtre… *der Ahorn* : l'érable
Les chiffres	*die Eins* : le un *die Drei* : le trois…
Les avions **Une exception :**	*die Boeing, die DC-10…* *der Airbus*

Neutre

Les infinitfs substantivés	*das Essen* : le repas *das Lachen* : le rire
Les collectifs avec le préfixe Ge-	*das Gewitter* : l'orage *das Gemüse* : le(s) légume(s) *das Gebüsch* : les buissons…
Les diminutifs en -*chen* et -*lein*	*das Mädchen* : la fille *das Kindlein* : le petit enfant…
Les fractions	*das Viertel* : le quart, le quartier *das Drittel* : le tiers
Les noms géographiques	**voir fiche 25, p. 59**
Les métaux	*das Eisen* : le fer *das Kupfer* : le cuivre *das Uran* : l'uranium…
Deux exceptions : les alliages	*der Stahl* : l'acier *die Bronze* : le bronze

Règle général

Masculin	*-e*
Féminin	*-en*
Neutre	*-er* ou *-e* (moitié / moitié)

Pluriels masculins

■ **La plupart des masculins font leur pluriel en *-e* (ou ¨*e*).**

der Tisch : la table ➤ *die Tische*
der Baum : l'arbre ➤ *die Bäume*
der Weg : le chemin ➤ *die Wege*

■ **Les masculins en *-el*, *-en*, *-er* sont invariables au pluriel** (ou ne prennent qu'un *Umlaut* : ¨).

der Schüler : l'élève ➤ *die Schüler*
der Mantel : le manteau ➤ *die Mäntel*

■ **Les masculins faibles font leur pluriel en *-en*.** Il s'agit souvent de noms d'origine étrangère.

der Mensch : l'être humain ➤ *die Menschen*
der Präsident : le président ➤ *die Präsidenten*
der Student : l'étudiant ➤ *die Studenten*

■ ***Der Herr* (le monsieur) a une déclinaison particulière.**
der Herr, den Herrn, dem Herrn, des Herrn, pluriel : *die Herren*

■ **Exceptions :**
der Mann : l'homme ➤ *die Männer*
der Wald : la forêt ➤ *die Wälder*
der Streik : la grève ➤ *die Streiks*
der Chef : le chef ➤ *die Chefs*
der Staat : l'État ➤ *die Staaten*
der See : le lac (ce n'est pas un masculin faible) ➤ *die Seen*

Pluriels féminins

■ **Presque tous les féminins font leur pluriel en *-en*.**
■ **Environ 40 féminins font leur pluriel en ¨*e*.**

die Nacht : la nuit ➤ *die Nächte*
die Wurst : la saucisse ➤ *die Würste*

■ **Quelques exceptions :**

die Oma : la mamie   ➤   *die Omas*

die Mutter : la mère   ➤   *die Mütter*

die Tochter : la fille   ➤   *die Töchter*

Pluriels neutres

Il y a deux catégories principales de pluriels neutres (environ moitié / moitié) :

■ **Ceux en -er ou ̈er.**

das Kind : l'enfant   ➤   *die Kinder*

das Haus : la maison   ➤   *die Häuser*

das Feld : le champ   ➤   *die Felder*

■ **Ceux en -e.**

das Spiel : le jeu   ➤   *die Spiele*

das Tier : l'animal   ➤   *die Tiere*

das Jahr : l'année   ➤   *die Jahre*

■ **Exceptions** : les neutres en *-el*, *-en*, *-er* ainsi que les diminutifs en *-chen* et *-lein* sont invariables au pluriel.

das Viertel : le quartier   ➤   *die Viertel*

das Messer : le couteau   ➤   *die Messer*

das Mädchen : la fille   ➤   *die Mädchen*

Structure

■ **Une dépendante ou subordonnée** est introduite par un mot de subordination qui peut être :
- une conjonction de subordination,
- un mot interrogatif,
- un pronom relatif.

■ **Il peut s'agir également** d'une subordonnée infinitive.

■ **Le groupe verbal** est toujours en dernière position **(voir fiche 3, p. 9).**

Dépendante sujet ou objet

■ **La subordonnée infinitive et la subordonnée introduite par** *dass* peuvent être sujet ou objet dans la phrase.

Es ist schön, durch den Wald zu wandern. (sujet)
Il est agréable de se promener dans la forêt.

Ich glaube, dass er heute Abend ankommt. (objet)
Je crois qu'il arrive ce soir.

Interrogation indirecte

■ *Ob* : si
L'interrogation globale est introduite par *ob*.
Ich weiß nicht, ob er kommt. (Kommt er oder nicht?)
Je ne sais pas s'il viendra.

■ *Wann, wo, wie…* : quand, où, comment…
L'interrogation partielle est introduite par un mot interrogatif : *wann, wo, wie, warum, wer…*
Er fragt, wo sie ist / warum sie noch nicht da ist.
Il demande, où elle est / pourquoi elle n'est pas encore là.

Comparaison

■ *Als, wie* : que, comme
La subordonnée, souvent incomplète (verbe sous-entendu), est introduite par *als* ou *wie*.

Als suit un comparatif de supériorité, alors que *wie* suit un comparatif d'égalité ou d'infériorité.

Er ist größer als ich (bin).
Il est plus grand que moi.

Er hat (nicht) so viel Geld wie ich dachte.
Il (n')a (pas) autant d'argent que je croyais.

■ *Je… desto* : **plus … plus / moins … moins**

• *Je* + comparatif de supériorité introduit une subordonnée : le groupe verbal sera donc en dernière position.

• *Desto* + comparatif de supériorité introduit la principale : le verbe conjugué sera donc en deuxième position.

Je größer das Angebot ist, desto billiger werden die Produkte.
Plus l'offre est grande, plus les produits sont bon marché.

Temps

■ *Als / wenn* : **quand, lorsque**

• *Als* s'emploie quand il s'agit d'un fait unique dans le passé.
Als ich ein Kind war, war Krieg.
Lorsque j'étais enfant, c'était la guerre.

• *Wenn* s'emploie lorsque l'action se répète ou se situe dans le présent ou le futur.
Wenn er nach Deutschland kommt, besucht er uns.
Quand il vient en Allemagne, il nous rend visite.

■ *Bevor / nachdem* : **avant que [de] / après que**

• **Attention** : après *bevor* et *nachdem* il faut toujours un verbe conjugué (et non pas un infinitif comme souvent en français).

• Après *nachdem*, le temps du verbe doit être obligatoirement antérieur à celui de la principale : parfait + présent ou plus-que-parfait + prétérit.

Bevor er frühstückte, wusch er sich.
Avant de déjeuner, il fit sa toilette.

Nachdem sie ihre Arbeit verloren hatte, blieb sie lange Zeit arbeitslos.
Après avoir perdu son emploi, elle resta longtemps au chômage.

■ *Seitdem* : depuis que

Seitdem er in Berlin wohnt, sehen wir ihn nicht mehr.
Depuis qu'il habite Berlin, nous ne le voyons plus.

■ *Bis* : jusqu'à ce que

Ich warte, bis sie kommt.
J'attends (jusqu'à ce) qu'elle arrive.

■ *Sobald, solange* : dès que, aussi longtemps que

Sobald sie kommt, können wir gehen.
Dès qu'elle arrivera, nous pourrons partir.

■ *Während* : pendant que / tandis que

Während er frühstückte, hörte er die Nachrichten im Radio.
Pendant qu'il déjeunait, il écoutait les nouvelles à la radio.

■ *Indem* : tandis que [ou en + participe présent]

Er hat mich zum Lachen gebracht, indem er Witze erzählte.
Il m'a fait rire en racontant des blagues.

Condition

■ *Wenn* : si

Wenn peut être suivi de l'indicatif ou du subjonctif II.
Wenn er Zeit hat, besucht er uns.
S'il a le temps, il viendra nous voir.

*Wenn ich das **gewusst** hätte, hätte ich mir nicht so viel Mühe gegeben.*
Si j'avais su cela, je ne me serais pas donné autant de mal.

Cause

■ *Da* : étant donné que, comme, puisque

Da er im Moment keine Zeit hat, ist er nicht zu sehen.
Comme il n'a pas de temps en ce moment, on ne le voit pas.

■ *Weil* : parce que

Sie spricht kaum, weil sie sehr schüchtern ist.
Elle ne parle guère, parce qu'elle est très timide.

But

■ *Damit, um … zu* : **pour (que)**

• *Damit* s'utilise quand le sujet de la principale n'est pas le même que celui de la subordonnée.

Er schwieg, damit sie nicht merkte, wie traurig er war.
Il se tut pour qu'elle ne s'aperçoive pas de sa tristesse.

• Lorsque le sujet de la principale est le même que celui de la subordonnée, on peut utiliser *um … zu.*

Er schwieg, um sie nicht zu verletzen.
Il se tut pour ne pas la blesser.

Conséquence

■ *So … dass* : **si [bien] que, de telle sorte que**
Sie ist so schüchtern, dass sie schweigt.
Elle est si timide qu'elle se tait.

Concession

■ *Obwohl, obschon, obgleich* : **bien que, quoique**
Obwohl er krank ist, ist er zur Arbeit gegangen.
Bien qu'il soit malade, il est allé travailler.

Attention : *obwohl* n'est pas suivi du subjonctif en allemand.

■ *Wenn … auch* : **même si …**
Wenn er auch krank ist, so kann er doch anrufen.
Même s'il est malade, il peut téléphoner.

■ *Wie … auch* : **quoi … que**
Wie dem auch sei, er muss mitmachen!
Quoi qu'il en soit, il doit participer !

Remarque : dans ce cas particulier, la principale se construit comme une phrase autonome, avec le verbe en deuxième position.

FICHES BAC

Allemand

TERMINALE TOUTES SÉRIES

Michel Salenson
Agrégé d'allemand

HATIER

Conception maquette : Anne Gallet

Mise en page : Ici & ailleurs

Cartographie : Légendes cartographie

© HATIER   Paris, décembre 2005   ISBN 2-218-92274-6

Toute représentation, traduction, adaptation ou reproduction, même partielle, par tous procédés,
en tous pays, faite sans autorisation préalable est illicite et exposerait le contrevenant à d
poursuites judiciaires. Réf. : loi du 11 mars 1957, alinéas 2 et 3 de l'article 41. Une représentat
ou reproduction sans autorisation de l'éditeur ou du Centre français d'exploitation du droit de
Copie (20, rue des Grands-Augustins 75006 Paris) constituerait une contrefaçon sanctionnée par
les articles 425 et suivants du Code pénal.

SOMMAIRE

1 PRONOMS INTERROGATIFS

▶La plupart des pronoms interrogatifs sont invariables. Quelques-uns se déclinent.

Invariable

Was? : quoi, qu'est-ce que… ?	*Was bedeutet das?* Qu'est-ce que cela signifie ?
Wo? : où ? (indique où l'on est)	*Wo wohnst du?* Où habites-tu ?
Wohin? : où ? (indique la direction où l'on va)	*Wohin fährst du?* Où vas-tu ?
Woher? : d'où ? (indique d'où l'on vient)	*Woher kommst du?* D'où viens-tu ?
Wo se combine avec des prépositions : *woran, wodurch, womit…?* : à quoi, par quoi, avec quoi… ?	*Woran denkst du?* À quoi penses-tu ?
Wann? : quand ?	*Wann hat er angerufen?* Quand a-t-il appelé ?
Seit wann? : depuis quand ?	*Seit wann bist du krank?* Depuis quand es-tu malade ?
Wie? : comment ?	*Wie erklärst du dir das?* Comment expliques-tu ça ?
Wie se combine avec des adjectifs : *wie lange, wie alt…?*	*Wie lange hat es gedauert?* Combien de temps cela a-t-il duré ?
Wie viel? : combien / quelle heure… ? (se décline parfois au pluriel)	*Wie viel kostet dieses Kleid?* Combien coûte cette robe ? *Wie viel Uhr ist es?* Quelle heure est-il ? *Wie viel(e) Kinder hat er?* Combien d'enfants a-t-il ?
Inwiefern? : dans quelle mesure ?	*Inwiefern ist seine Haltung logisch?* Dans quelle mesure son attitude est-elle logique ?

Warum / weshalb? : pourquoi / pour quelle raison ?	*Warum / weshalb hat er das getan?* Pourquoi a-t-il fait cela ?
Wozu? : pourquoi (dans quel but) / à quoi ?	*Wozu dient dieser Apparat?* À quoi sert cet appareil ?

Déclinés

Wer (nominatif), *wen* (accusatif), *wem* (datif), *wessen* (génitif) : qui, à qui, de qui ?	*Wem gehört dieses Haus?* À qui appartient cette maison ?
Wer se combine aussi avec des prépositions : *für wen, mit wem,…?* : pour qui, avec qui ?	*Mit wem ist er gefahren?* Avec qui est-il parti ?
Welcher, welche, welches…? : lequel, laquelle,… ? se combinent avec des substantifs et se déclinent comme l'article défini.	*An welchem Tag kommst du?* Quel jour viendras-tu ?
Attention : *welches* reste invariable et neutre.	*Welches sind die Vorteile dieser Maschine?* Quels sont les avantages de cette machine ?
Was für ein, eine, ein…? : quel genre de, quelle sorte de… se combinent avec des substantifs.	*Was für ein Mann ist er?* Quel genre d'homme est-ce ?
Attention : *für* n'est pas considéré comme une préposition (et n'est donc pas nécessairement suivi de l'accusatif). Le cas de *ein* dépend du verbe qui suit.	*Was für einen Wein verkaufen Sie?* Quelle sorte de vin vendez-vous ? (*Sie verkaufen einen saarländischen Wein.* Ils vendent un vin de la Sarre.)

2 PRONOMS PERSONNELS ET RÉFLÉCHIS

Pronoms personnels

		Nominatif	Accusatif	Datif
Singulier	1re personne	*ich*	*mich*	*mir*
	2e personne	*du*	*dich*	*dir*
	3e personne	*er*	*ihn*	*ihm*
		sie	*sie*	*ihr*
		es	*es*	*ihm*
Pluriel	1re personne	*wir*	*uns*	*uns*
	2e personne	*ihr*	*euch*	*euch*
	3e personne	*sie*	*sie*	*ihnen*
	Forme de politesse	*Sie*	*Sie*	*Ihnen*

■ **Les pronoms personnels se déclinent.** Les formes du génitif sont inusitées.

■ **Attention**, il y a :
• trois pronoms pour la 3e personne du singulier : *er, sie* et *es*
• deux pour la 3e personne du pluriel : *sie* et *Sie*. *Sie* est la forme de politesse (à ne pas confondre avec *ihr*, vous collectif!).

Pronoms réfléchis

■ Le pronom réfléchi se distingue du pronom personnel à l'accusatif uniquement à la 3e personne du singulier et du pluriel. Sa forme est alors *sich*.

Singulier	1re personne	*ich wasche mich*
	2e personne	*du wäschst dich*
	3e personne	*er / sie / es wäscht sich*
Pluriel	1re personne	*wir waschen uns*
	2e personne	*ihr wascht euch*
	3e personne	*sie waschen sich*
	Forme de politesse	*Sie waschen sich*

Verbes pronominaux ou réfléchis

■ **Un verbe pronominal** s'emploie obligatoirement avec le pronom réfléchi.

■ **Un verbe réfléchi** peut s'employer avec le pronom réfléchi ou un autre complément à l'accusatif.

Verbes réfléchis ou pronominaux en allemand

sich ändern : changer	*In seinem Alter ändert man sich nicht mehr.* À son âge, on ne change plus.
sich fürchten : avoir peur	*Fürchte dich nicht!* N'aie pas peur !
sich schämen : avoir honte	*Du brauchst dich nicht zu schämen.* Tu n'as pas à avoir honte.

Verbes non réfléchis ou pronominaux en allemand

aufstehen : se lever	*Steh auf, es ist spät!* Lève-toi il est tard !
geschehen : se produire, se passer	*Was ist denn bloß geschehen?* Mais qu'est-ce qui s'est passé ?
halten : s'arrêter	*Halt' bitte an!* Arrête-toi s'il te plaît.
heiraten : se marier	*Sie will auf keinen Fall heiraten.* Elle ne veut en aucun cas se marier.
heißen : s'appeler	*Wie heißen Sie?* Comment vous appelez-vous ?
schweigen : se taire	*Er schwieg lieber.* Il préférait se taire.
staunen : s'étonner	*Da staunst du, was?* Ça t'étonne, non ?

Trois possibilités

1. En dernière position dans la dépendante / subordonnée.
2. En deuxième position dans la phrase autonome.
3. En première position dans l'interrogative ou à l'impérative / l'injonctif.

En dernière position

C'est la place du verbe typique de l'allemand. Le verbe l'occupe :

■ **Dans le groupe infinitif** : *nach Hause* gehen (aller à la maison), avec un infinitif complément.
Ich muss heute Abend zurückfahren.
Je dois rentrer ce soir.

■ **Dans la dépendante / subordonnée.**
Ich frage mich, ob sie heute noch kommen wird.
Je me demande si elle viendra encore aujourd'hui.

■ **Attention** : c'est toujours le noyau verbal conjugué qui se place en dernière position, c'est-à-dire l'auxiliaire dans les temps composés.

En seconde position

Cette position pose problème à la plupart des élèves. Le verbe l'occupe :

■ **Dans l'interrogative partielle** après le pronom interrogatif (comme en français).
Wer ist da?
Qui est là ?

Wo hat sie gewohnt?
Où a-t-elle habité ?

■ **Dans la phrase autonome / énonciative.**
Le noyau verbal conjugué est toujours en deuxième position après un élément fonctionnel qui peut être :

• le sujet ou groupe sujet (pronom, groupe nominal) :

Er kommt am Sonntag.
Il viendra dimanche.

Meine Eltern sind einverstanden.
Mes parents sont d'accord.

- un complément (d'objet ou circonstanciel) :

Den Mann kannte ich nicht.
Je ne connaissais pas cet homme.

Zu Weihnachten hat es geschneit.
À Noël il a neigé.

- un adverbe (même très court !) :

Bald ist er zurück.
Bientôt il sera de retour.

- une dépendante / subordonnée :

Wenn es regnet, gehe ich lieber ins Kino.
S'il pleut, je préfère aller au cinéma.

■ **Attention** : les mots de liaison *und, aber, sondern, oder, denn* ne comptent pas comme premier élément.

En tête de la proposition

Dans ce type de phrases, la place du verbe est la même qu'en français :

■ **Dans l'interrogative globale** (qui porte sur toute la phrase).

Wird er heute Abend ankommen?
Arrivera-t-il ce soir ?

■ **A l'injonctif / impératif.**

Hol ihn vom Bahnhof ab!
Va le chercher à la gare !

■ **Cas particulier** : suppression de *wenn*.

Ist er zufrieden, so lacht er ständig.
S'il est content, il rit sans arrêt.

■ **Le passif est beaucoup plus employé** en allemand qu'en français, en particulier pour les tournures impersonnelles souvent traduites par «on».

Hier wird englisch gesprochen.
Ici on parle anglais.

■ **Attention** : il ne faut pas confondre le passif et le futur. Le futur se conjugue également avec l'auxiliaire *werden*, mais il est suivi de l'infinitif.

Peters Geburtstag wird gefeiert. (passif)
On fête l'anniversaire de Peter.

Wir werden Peters Geburtstag feiern. (futur)
Nous fêterons l'anniversaire de Peter.

Caractéristiques

Pour la conjugaison du passif, on utilise l'auxiliaire *werden* + le participe II.

Présent	*Die Arbeit wird gemacht.* Le travail est (en train d'être) fait.
Prétérit	*Die Arbeit wurde gemacht.* Le travail fut fait.
Parfait	*Die Arbeit ist gemacht worden.* Le travail a été fait.
Plus-que-parfait	*Die Arbeit war gemacht worden.* Le travail avait été fait.
Futur	*Die Arbeit wird gemacht werden.* Le travail sera fait.

■ **Attention** : la forme du participe II de *werden* (parfait et plus-que-parfait) est raccourcie en *worden*.

■ **L'infinitif passif** est formé avec le participe II du verbe conjugué et l'infinitif de *werden*.

Das muss gemacht werden.
Cela doit être fait.

Passage d'une forme active
à une forme passive

■ **Le complément d'objet devient le sujet.**
Er hat die Arbeit gemacht. ➤ *Die Arbeit ist gemacht worden.*
Il a fait le travail.　　　　　Le travail a été fait.

■ **Lorsque le sujet est *man* à la forme active**, il apparaît sous la forme *es* en tête de phrase au passif ou disparaît complètement si la phrase commence par un autre élément.
Man erzählt viel über ihn.
On raconte beaucoup de choses sur son compte.
Es wird viel über ihn erzählt.
Über ihn wird viel erzählt.

■ **Le complément d'agent** est en général introduit par *von* + datif, plus rarement par *durch* + accusatif.
Diese Zeitung wird von Millionen Leuten gelesen.
Ce journal est lu par des millions de gens.

Der Fehler wurde durch ein Missverständnis verursacht.
Cette erreur était due à un malentendu.

▶ Il existe en allemand deux formes de subjonctif, mais pas de conditionnel.

■ **Le subjonctif I** est le mode du discours indirect.

■ **Le subjonctif II** est le mode de l'irréel (hypothétique), mais peut être utilisé aussi pour le discours indirect.

Caractéristiques

■ **Le subjonctif I et le subjonctif II** ont chacun trois temps : présent, passé, futur.

■ **Les terminaisons** sont les mêmes à toutes les personnes et à tous les temps du subjonctif I et du subjonctif II. Elles concernent soit le verbe conjugué (présent), soit l'auxiliaire *haben, sein* (passé) ou *werden* (futur).

	1re pers.	2e pers.	3e pers.
Singulier	*-e*	*-est*	*-e*
Pluriel	*-en*	*-et*	*-en*

■ **Il faut noter cependant une particularité** : l'auxiliaire *sein* n'a pas de terminaison à la 1re et à la 3e personne du singulier du subjonctif I.
ich sei, du seiest, er sei

	Subjonctif I	Subjonctif II
Présent	*ich sehe*	*ich sähe*
Passé	*ich habe gesehen*	*ich hätte gesehen*
Futur	*ich werde sehen*	*ich würde sehen*

■ **Ce qui change, c'est la base de la conjugaison** :
• Pour le subjonctif I, la base est le radical de l'infinitif du verbe.
• Pour le subjonctif II, la base est le radical du prétérit + *Umlaut* ¨ (quand cela est possible : voyelles *a, o, u*).

Discours indirect

Le **discours indirect** sert à rapporter les paroles de quelqu'un.

Discours direct	Discours indirect
Er sagt : "Ich habe es nicht gewusst."	*Er sagt, er habe es nicht gewusst.* *Er sagt, dass er es nicht gewusst habe.*

■ **Lorsque la forme du subjonctif I est identique** à celle de l'indicatif, on utilise le même temps du subjonctif II ou – plus souvent – le futur du subjonctif II.

Discours direct	Discours indirect
Sie sagten : "Wir spielen zusammen."	*Sie sagten, sie spielten zusammen.* (Même forme que le prétérit de l'indicatif : on remplace alors par le futur du subjonctif II :) *Sie sagten, sie würden zusammen spielen.*

■ L'ordre s'exprime par *sollen*, la prière par *mögen*.

Discours direct	Discours indirect
Er sagte : "Kommen Sie herein!" *Sie sagte mir : "Bringen Sie mir bitte das Buch zurück!"*	*Er sagte, ich solle hereinkommen.* *Sie sagte mir, ich möge ihr das Buch zurückbringen.*

Irréel

Le subjonctif II sert à exprimer l'hypothèse, un souhait ou un regret. Il est très souvent introduit par la conjonction *wenn*.

■ **Attention** : il y a toujours concordance des temps entre la principale et la subordonnée (donc deux fois le subjonctif II).
Wenn ich Zeit hätte, würde ich dich besuchen.
Hätte ich Zeit, so würde ich dich besuchen.
(suppression de *wenn*)
Si j'avais le temps, j'irais te voir.

Wenn ich nur Zeit hätte!
Si seulement j'avais le temps ! (regret)

Verbes forts

■ **Les verbes forts sont irréguliers** : la voyelle de leur radical est modifiée au prétérit ainsi qu'au participe II, et quelquefois au présent (aux 2e et 3e personnes du singulier pour les verbes en *a* et *e*).

nehmen, nahm, genommen, er nimmt : prendre

■ Certains verbes forts changent même de radical.

leiden, litt, gelitten : souffrir

■ **Les verbes forts** n'ont pas de terminaison à la 1re et à la 3e personne du singulier du prétérit.

ich kam, er / sie / es kam : je vins, il / elle vint

■ **La majeure partie des verbes forts** se conjuguent avec l'auxiliaire *haben*, et notamment tous les verbes réfléchis.

Ich habe mich gewaschen.
Je me suis lavé.

■ **Les verbes forts qui indiquent un déplacement** ou une modification d'état se conjuguent avec l'auxiliaire *sein*.

Ich bin nach Berlin gefahren.
Je suis allé à Berlin.

Er ist größer geworden.
Il a grandi.

■ **Seulement quelques autres verbes** (comme le verbe *bleiben* : rester) se conjuguent également avec *sein*.

Er ist zu Hause geblieben.
Il est resté à la maison.

Voir la liste des verbes forts les plus usuels sur le dépliant.

Verbes mixtes ou faibles irréguliers

■ Ces verbes ont des formes de verbe faible (la terminaison *-te* au prétérit et *-t* au participe II), mais changent la voyelle de leur radical ou leur radical au prétérit et au participe II comme les verbes forts.

brennen, brannte, gebrannt	brûler
bringen, brachte, gebracht	apporter

denken, dachte, gedacht	penser
kennen, kannte, gekannt	connaître
nennen, nannte, genannt	appeler
rennen, rannte, gerannt	courir, faire la course
senden, sandte (sendete), gesandt (gesendet)	envoyer
wenden, wandte (wendete), gewandt (gewendet)	tourner

■ **Remarque :** les deux derniers verbes ont tendance a être employés comme des verbes faibles (formes entre parenthèses).

▶ On peut distinguer les particules verbales, qui sont le plus souvent séparables, et les préfixes verbaux qui, eux, sont toujours inséparables.

Préfixes inséparables

■ **Le nombre des préfixes inséparables** est limité à huit. Un moyen pour les retenir facilement :

« Cerbère gémit en enfer »
zer – be – er / ge – miss / ent / emp / ver

Er zerreißt den Brief.   *Er hat den Brief zerrissen.*
Il déchire la lettre.   Il a déchiré la lettre.

■ **Les préfixes inséparables** ne sont jamais accentués.

Particules mixtes

Un certain nombre de particules sont tantôt séparables, tantôt inséparables : *durch, über, um, unter, wieder.*

	Inséparable	Séparable
Wieder	uniquement dans le verbe *wiederholen* : *Wiederholen Sie, bitte!* Répétez, s'il vous plaît!	dans tous les autres cas : *Ich komme gleich wieder.* Je reviens tout de suite.
Durch et *um*	lorsqu'elles gardent le sens de la préposition : *durch* (à travers), *um* (autour de). *Sie durchqueren das Dorf.* Ils traversent le village. *Wir umgehen das Problem.* Nous contournons le problème.	lorsqu'elles ont un autre sens que celui de la préposition, comme par ex. dans *durchlesen* (lire entièrement), *umwerfen* (renverser) ou *umziehen* (déménager). *Wann ziehst du um?* Quand est-ce que tu déménages ?

| *Über* et *unter* | dans les verbes transitifs, où la préposition n'a qu'un sens atténué : *übersetzen*,(traduire, *überraschen*, (surprendre), *unternehmen* (entreprendre), *unterbrechen*… *Unterbrich mich nicht!* Ne m'interromps pas ! | lorsqu'elles gardent le sens de la préposition comme dans *überlaufen* (déborder) ou *untergehen* (se coucher (le soleil)). *Die Sonne geht unter.* Le soleil se couche. |

Particules séparables

■ Ce sont les plus nombreuses. Les particules séparables sont :
- Des prépositions   *ausgehen* : sortir
- Des adverbes   *dableiben* : rester là
                            fortgehen : partir (d'ici)

■ **La particule séparable** est toujours accentuée.

■ **Elle est séparée du radical verbal** aux temps simples, présent et prétérit dans une phrase énonciative.
Sie fährt heute Morgen ab.
Elle part ce matin.

■ **Elle est rattachée au radical verbal** aux autres temps et dans la subordonnée.
Er ist heute ausgegangen.
Il est sorti aujourd'hui.
Ich glaube, dass sie doch dableibt.
Je crois qu'elle reste finalement là.

■ **L'augment *-ge* du participe II** ainsi que le *zu* qui précède l'infinitif se placent entre la particule et le radical verbal.
Er ist in den Klub eingetreten.
Il est devenu membre du club.
Er hat die Absicht, umzuziehen.
Il a l'intention de déménager.

■ **La particule verbale** change ou précise le sens du verbe.
nehmen : prendre
mitnehmen : emmener, emporter (prendre avec soi)

▶ Les verbes de modalité sont au nombre de six et vont par paire.

Können et dürfen	expriment la notion de pouvoir
Müssen et sollen	expriment la notion de devoir
Wollen et mögen	expriment la notion de vouloir

Conjugaison

Présent de l'indicatif

La conjugaison des verbes de modalité est particulière au présent de l'indicatif : la 1re et la 3e personne du singulier sont identiques et la voyelle du radical change au singulier (sauf pour *sollen*), comme pour un prétérit de verbe fort. Le pluriel est régulier.

1re pers. sing.	ich kann	ich darf	ich muss
2e pers. sing.	du kannst	du darfst	du musst
3e pers. sing.	er kann	er darf	er muss
1re pers. plur.	wir können	wir dürfen	wir müssen
2e pers. plur.	ihr könnt	ihr dürft	ihr müsst
3e pers. plur. / Forme de polit.	sie / Sie können	sie / Sie dürfen	sie /Sie müssen

1re pers. sing.	ich soll	ich will	ich mag
2e pers. sing.	du sollst	du willst	du magst
3e pers. sing.	er soll	er will	er mag
1re pers. plur.	wir sollen	wir wollen	wir mögen
2e pers. plur.	ihr sollt	ihr wollt	ihr mögt
3e pers. plur. / Forme de polit.	sie / Sie sollen	sie / Sie wollen	sie / Sie mögen

■ Prétérit, participe II et subjonctif II présent

Prétérit	Participe II	Subjonctif II présent
ich konnte	*gekonnt*	*ich könnte*
ich durfte	*gedurft*	*ich dürfte*
ich musste	*gemusst*	*ich müsste*
ich sollte	*gesollt*	*ich sollte*
ich wollte	*gewollt*	*ich wollte*

▌Construction

Les verbes de modalité s'emploient souvent avec un infinitif complément non précédé de *zu*.

Leider kann ich nicht kommen.
Malheureusement je ne peux pas venir.

▌Sens et emploi

	Sens principal	Autres sens
Können	– « pouvoir », « être capable de », « savoir » : *Ich kann schwimmen.* Je sais nager. (Je suis capable de le faire.)	– l'éventualité : « il se peut que » : *Das kann sein.* C'est possible.
Dürfen	– « pouvoir » (permission) *Darf man hier rauchen?* Peut-on fumer ici ? (Est-ce permis ?)	– forte probabilité (subjonctif II) : *Er dürfte bald kommen* Il devrait bientôt arriv‹ – avec négation : « ne ‹ devoir / falloir » : *Man darf nicht so laut sprechen.* Il ne faut pas parler si fort (ce n'est pas permis).

Müssen	– « devoir » (obligation, nécessité) : *Mit sechs müssen alle Kinder in die Schule gehen.* À six ans tous les enfants doivent aller à l'école.	– « il est quasiment sûr » : *Er muss krank sein.* Il est sûrement malade.
Sollen	– « devoir » (moral) : *Man soll seine Eltern achten.* On doit respecter ses parents.	– volonté d'un tiers, invitation à faire : *Soll ich dir helfen?* Tu veux que je t'aide ? – « on dit que » : *Er soll krank sein.* Il paraît qu'il est malade.
Wollen	– « vouloir » (volonté ferme, intention) : *Er will in den Ferien nach Prag.* Il veut aller pendant les vacances à Prague.	– « prétendre », « vouloir faire croire » : *Er will das allein gemacht haben.* Il prétend l'avoir fait seul.
Mögen	– « vouloir bien », « aimer » : *Sie mag Schokolade.* Elle aime le chocolat. – « souhaiter » (subj.II) *Was möchten Sie?* Que désirez-vous ?	– « devoir probablement », « pouvoir » : *Du magst wohl Recht haben.* Tu dois avoir raison. *Wo mag er wohl sein?* Où peut-il bien être ?

■ **Le pronom relatif** se décline comme l'article défini, sauf au génitif et au datif pluriel.

	Masculin	Féminin	Neutre	Pluriel
Nominatif	*der*	*die*	*das*	*die*
Accusatif	*den*	*die*	*das*	*die*
Datif	*dem*	*der*	*dem*	*denen*
Génitif	*dessen*	*deren*	*dessen*	*deren*

■ **Attention** : le génitif fonctionne comme un génitif saxon, c'est-à-dire qu'il n'est pas suivi d'un article.

*Mein Bruder, **dessen** Freundin in Berlin studiert, langweilt sich in Heidelberg.*

Mon frère, dont l'amie fait ses études à Berlin, s'ennuie à Heidelberg.

■ « **Dont** » ne se traduit pas toujours par un génitif.

*Die Stelle, **von der** er träumt, hat er noch nicht.*

Il n'a pas encore la place dont il rêve.

■ **Quelquefois,** *dessen* et *deren* peuvent remplacer l'adjectif possessif.

*Das sind Meyers. **Deren** Haus solltest du mal sehen!*

Ce sont les Meyer. Tu devrais voir leur maison !

Mots composés

Partie qualificative	Base	Nom composé
das Haus	*die Tür*	*die Haustür* la porte d'entrée
die Mannschaft	*das Spiel*	*das Mannschaftsspiel* le jeu d'équipe
die Woche	*die Zeitung*	*die Wochenzeitung* l'hebdomadaire

Remarques

■ **Le genre du mot composé** est donné par le mot de base.

■ **L'accent de mot** est sur la partie qualificative du mot composé.

■ **Il y a quelquefois modification de la partie qualificative** par
- ajout d'un *-s* intermédiaire : *das Mannschaftsspiel*
- ajout d'un *-n* (après un *-e*) : *die Wochenzeitung*

Mots dérivés

■ **Mots dérivés de verbes**

• Masculins formés sur le radical du verbe avec modification de la voyelle.

betreiben	➤	*der Betrieb* : l'entreprise
kaufen	➤	*der Kauf* : l'achat
ziehen	➤	*der Zug* : le train

• Féminins formés avec le suffixe *-t*.

ankommen	➤	*die Ankunft* : l'arrivée
können	➤	*die Kunst* : l'art
tun	➤	*die Tat* : l'action, le fait

• Féminins formés avec le suffixe *-ung*.

entwickeln	➤	*die Entwicklung* : l'évolution, le développement
leisten	➤	*die Leistung* : la performance
wirken	➤	*die Wirkung* : l'effet

■ **Mots dérivés de substantifs**

● Féminins formés avec le suffixe *-ei*.

der Maler	➤	*die Malerei* : la peinture
der Drucker	➤	*die Druckerei* : l'imprimerie
der Metzger	➤	*die Metzgerei* : la boucherie-charcuterie

● Féminins formés avec le suffixe *-schaft*.

der Feind	➤	*die Feindschaft* : l'inimitié
der Freund	➤	*die Freundschaft* : l'amitié
der Wirt	➤	*die Wirtschaft* : l'auberge / l'économie

■ **Mots dérivés d'adjectifs**

● Féminins formés avec le suffixe *-heit*.

frei	➤	*die Freiheit* : la liberté
gleich	➤	*die Gleichheit* : l'égalité
sicher	➤	*die Sicherheit* : la sécurité

● Féminins formés avec le suffixe *-keit*.

abhängig	➤	*die Abhängigkeit* : la dépendance
fähig	➤	*die Fähigkeit* : la capacité
möglich	➤	*die Möglichkeit* : la possibilité

Adjectifs dérivés

■ **Avec le préfixe négatif *un***

dankbar : reconnaissant	➤	*undankbar* : ingrat
kompliziert : compliqué	➤	*unkompliziert* : simple

■ **Avec des suffixes**

-arm	*bevölkerungsarm* : peu peuplé
-reich	*lehrreich* : instructif, riche en enseignement
-bar	*vergleichbar* : comparable
-frei	*bleifrei* : sans plomb
-los	*arbeitslos* : sans travail, chômeur
-voll	*eindrucksvoll* : impressionnant

■ **Suffixes caractéristiques des adjectifs**

-ig	*zwanzigjährig* : âgé de 20 ans
-isch	*französisch* : français
-lich	*täglich* : quotidien

Comparatif de supériorité

Attention, le comparatif de supériorité allemand ne fonctionne pas comme en français :

■ **Il se forme toujours** en ajoutant à l'adjectif ou à l'adverbe le suffixe *-er* (+ ¨ sur le radical quand c'est possible).

Er ist jünger als ich.
Il est plus jeune que moi.

Dieser Wagen fährt schneller als meiner.
Cette voiture roule plus vite que la mienne.

■ « **De plus en plus** » se traduit par *immer* + comparatif.

Sie wird immer frecher.
Elle devient de plus en plus insolente.

■ « **D'un certain…** » se traduit par un comparatif.

eine ältere Dame : une dame d'un certain âge

Comparatif d'égalité ou d'infériorité

Le comparatif d'égalité ou d'infériorité est introduit par *so / nicht so… wie.* L'adjectif est invariable.

Er ist (nicht) so dumm wie ich glaubte.
Il (n') est (pas) aussi bête que je croyais.

Superlatif

Le superlatif de l'adjectif est formé avec l'article défini et le suffixe *-ste*. Il se décline comme l'adjectif épithète.

Sie war heute Abend die Schönste.
Elle était la plus belle ce soir.

Das war die beste Lösung.
C'était la meilleure solution.

■ **Le superlatif de l'adverbe** est formé avec *am* + suffixe *-sten*. Il est invariable.

Dieser Wagen fährt am schnellsten.
Cette voiture est la plus rapide.

Comparatifs et superlatifs irréguliers

Base = adverbe	Comparatif	Superlatif de l'adverbe
bald bientôt	*eher* plutôt	*am ehesten* au plus tôt
gern volontiers	*lieber* mieux	*am liebsten* le mieux

Base = l'adjectif / adverbe	Comparatif	Superlatif de l'adverbe	Superlatif de l'adjectif
gut bon	*besser* meilleur	*am besten* au mieux	*der, die, das Beste* le, la meilleur(e)
hoch haut	*höher* plus haut	*am höchsten* au plus haut	*der, die, das Höchste* le, la plus haut(e)
viel beaucoup	*mehr* plus	*am meisten* le plus	*die meisten* la plupart

Succession dans le temps

zuerst	d'abord
erstens	premièrement
dann	ensuite
schließlich	finalement
endlich	enfin

Zuerst war er erstaunt, dann böse. Schließlich beschloss er, anzurufen.
Il fut d'abord étonné, puis en colère. Finalement il décida d'appeler.

vorher / früher	avant, auparavant
einst	jadis
damals	à cette époque-là
jetzt / nun	maintenant
nachher / später	plus tard, après
seitdem	depuis
schon / bereits	déjà

Früher war das Leben anders. Damals ging man zu Fuß oder fuhr mit der Postkutsche. Erst viel später erschien das erste Auto.
Autrefois la vie était différente. À cette époque-là on allait à pied ou on prenait la diligence. Ce n'est que beaucoup plus tard qu'apparut la première automobile.

Hypothèse

vielleicht	peut-être
wahrscheinlich	vraisemblablement
hoffentlich	espérons que…
womöglich / möglicherweise	c'est possible

Er hat vielleicht / wahrscheinlich Recht.
Il a peut-être/ vraisemblablement raison.

Hoffentlich hat er Recht!
Espérons qu'il a raison !

Évidence

natürlich	naturellement
selbstverständlich	il va de soi, évidemment
sicher(lich)	sûrement
bestimmt / freilich	certainement

Selbsverständlich wird er antworten.
Bien sûr qu'il va répondre !

Er hat sicher / bestimmt Verspätung.
Il a sûrement / certainement du retard.

Regret / restriction

leider / unglücklicherweise	malheureusement
(je)doch	pourtant, cependant
trotzdem	malgré tout

Er konnte leider nicht kommen.
Malheureusement il n'a pas pu venir.

Es hat es jedoch / trotzdem gemacht.
Il l'a cependant / pourtant fait (malgré tout).

Erst / nur

Les deux adverbes veulent dire « seulement » mais on ne peut employer l'un pour l'autre.

■ *Erst* indique un début de processus et est ouvert sur la suite.

Er ist erst 15 Jahre alt.
Il a seulement 15 ans. (c'est une excuse ! Il vieillira.)

■ *Nur,* quant à lui, est restrictif, limitatif et indique plutôt une fin.

Er hat nur 3 (Punkte) in Mathematik.
Il a seulement 3 en math (pas plus).

▶ Il y a différents moyens d'exprimer une notion temporelle.

Adverbes

gestern : hier
heute : aujourd'hui
morgen : demain
vormittags : le matin
nachmittags : l'après-midi
tagsüber : pendant la journée

gestern früh : hier matin
heute morgen : ce matin
morgen früh : demain matin
mittags : à midi
abends : le soir
nachts : la nuit

Accusatif (dit absolu)

■ **Pour exprimer une répétition**
jeden Tag : chaque jour
jede Woche : chaque semaine
alle Jahre wieder : tous les ans (à nouveau)

■ **Pour écrire la date**
Mittwoch, den 11. Juli

Avec une préposition

■ *An* + **datif** pour les moments de la journée et le jour.
Am Morgen, am Abend, am 11. Juli...
Le matin, le soir, le 11 juillet...

■ *In* + **datif** pour le mois, la saison, la nuit et le futur.
Im Januar, im Sommer, in der Nacht, in einem Jahr...
En janvier, en été, dans la nuit, dans un an....

■ *Zu* + **datif** pour les fêtes.
Zu Weihnachten, zu Ostern...
Pour (à) Noël, pour (à) Pâques...

■ *Vor* + **datif** pour le passé.
Vor einem Jahr, vor einer Woche...
Il y a un an, il y a une semaine...

■ *Um* + **accusatif** pour l'heure.
Um 2 Uhr… : à 2 heures…

■ Pour indiquer l'année, la façon la plus courante est de donner le chiffre sans préposition : *2006* (en 2006).
2006 findet die Fußballweltmeisterschaft in Deutschland statt.
En 2006 la Coupe du monde de football a lieu en Allemagne.

On peut dire aussi :
Im Jahre 1961 wurde die Berliner Mauer gebaut.
En 1961 fut construit le mur de Berlin.

■ **Pour écrire la date** en allemand n'oubliez pas les points après le jour et le mois (en chiffres), car il s'agit d'adjectifs numéraux :
den sechzehnten (Tag) des zweiten (Monats)
Donnerstag, den 16. 02. 2006 / Donnerstag, den 16. Februar 2006

Le locatif

■ **Le locatif répond à la question** *Wo* ? et indique le lieu où l'on est ou un déplacement à l'intérieur d'un même lieu.

■ **Le complément se met au datif.**

Er wohnt in einem Dorf.
Il habite dans un village.

Er verbringt seine Ferien am Meer.
Il passe ses vacances à la mer.

Er bleibt zu Hause bei seinen Eltern.
Il reste à la maison chez ses parents.

Er geht in seinem Zimmer hin und her.
Il va et vient dans sa chambre.

■ **Devant un nom de pays ou de ville :** *in* + datif.

Er wohnt in Deutschland / in Berlin.
Il habite en Allemagne / à Berlin.

■ **Le locatif suit un verbe de position** (intransitif et fort) comme :
– *hängen (i, a, a, ä)* : être suspendu / accroché,
– *sitzen (saß, gesessen)* : être assis,
– *liegen (a, e)* : être couché ou
– *stehen (stand, gestanden)* : être debout.

Er liegt im Bett / sitzt in einem Sessel.
Il est au lit / est assis dans un fauteuil.

Le directif

■ **Le directif répond à la question** *Wohin* ? et indique un déplacement ou un changement de lieu.

■ **Le complément est à l'accusatif** après les prépositions spatiales *an, auf, hinter, in, neben, über, unter, vor* et *zwischen*.

Sie fährt in die Stadt / ans Meer.
Elle va en ville / à la mer.

Sie geht zu ihrem Freund / nach Hause.
Elle va chez son ami / à la maison.

■ **Devant un nom de pays ou de ville** (sans article) : *nach* + datif.

Sie fährt nach Deutschland / nach Berlin.
Elle va en Allemagne / à Berlin.

■ **Quand le nom du pays est précédé de l'article** : *in* + accusatif.

Er fährt in die Schweiz / in die USA.
Il va en Suisse, aux USA.

■ **Le directif suit un verbe de mouvement** (transitif et faible) comme :

- *hängen* : accrocher / suspendre,
- *(sich) setzen* : s'assoir,
- *(sich) legen* : se coucher / poser (à plat) ou
- *stellen* : placer / mettre (debout).

Er legt sich ins Bett / setzt sich in einen Sessel.
Il se met au lit / s'assoit dans un fauteuil.

▶ Beaucoup de verbes allemands se construisent avec une, quelquefois deux ou trois prépositions. Il est important de les connaître pour pouvoir les intégrer dans une phrase.

An + accusatif

an etw. / jdn denken	penser à qq. ch. / qqn
sich an etw. / jdn erinnern	se souvenir de qq.ch. / qqn
sich an etw. / jdn gewöhnen	s'habituer à qq.ch. / qqn
etw. an jdn schicken / senden	envoyer qq.ch. à qqn
etw. an jdn schreiben	écrire qq.ch. à qqn
sich an jdn wenden	s'adresser à qqn

An + datif

an etw. arbeiten	travailler à qq.ch.
an etw. liegen	tenir à, être dû à qq.ch.
an etw. teilnehmen / sich an	prendre part à / participer
etw. beteiligen	à qq.ch.

Auf + accusatif

auf etw. / jdn achten	veiller à qq.ch. / qq
auf etw. ankommen	tenir à qq.ch. / importer
auf etw. antworten	répondre à qq.ch.
auf etw. anspielen	faire allusion à qq.ch.
auf etw. / jdn aufpassen	faire attention à qq.ch. / qqn
sich auf etw. beschränken	se limiter à qq.ch.
sich auf etw. beziehen	se référer à qq.ch.
sich auf etw. / jdn freuen	se réjouir à l'avance de (voir) qq.ch. / qqn
auf etw. hinweisen	attirer l'attention sur qq.ch.
sich auf etw. / jdn verlassen	se reposer sur qq.ch. / qqn
etw. auf (ein späteres Datum) verschieben	reporter qq.ch. à (une date ultérieure)
auf etw. verzichten	renoncer à qq.ch.
auf etw. / jdn warten	attendre qq.ch. / qqn

Auf + datif

auf etw. beruhen	reposer sur qq.ch.
auf etw. bestehen	insister sur qq.ch.

Aus + datif

aus etw. bestehen	se composer de qq.ch.

Bei + datif

sich bei jdm entschuldigen	s'excuser auprès de qqn
sich bei jdm erkundigen	se renseigner auprès de qqn
sich bei jdm informieren	s'informer auprès de qqn
sich bei jdm bedanken	remercier qqn

Für + accusatif

für etw. danken / sich für etw. bedanken	remercier pour qq.ch.
sich für etw. begeistern	s'enthousiasmer pour qq.ch.
sich für etw. entscheiden	se décider pour qq.ch.
sich für etw. interessieren	s'intéresser à qq.ch.
für etw. halten	tenir pour qq.ch.
für etw. / jdn sorgen	se soucier de, veiller à qq.ch. / qqn

Gegen + accusatif

gegen etw. / jdn kämpfen	lutter contre qq.ch. / qqn
gegen etw. protestieren	protester contre qq.ch
sich gegen etw. entscheiden.	se décider contre qq.ch.

In + datif

in etw. bestehen	consister en qq.ch.
sich in etw. auskennen	s'y connaître en qq.ch.

Mit + datif

mit etw. anfangen / beginnen	commencer par qq.ch.
mit etw. enden	finir par qq.ch.
mit etw. rechnen	compter sur qq.ch
mit jdm diskutieren / sprechen / sich mit jdm unterhalten	discuter / parler avec qqn
sich mit etw. befassen / beschäftigen	s'occuper de qq.ch.
mit jdm telefonieren	téléphoner à qqn
etw. (acc.) mit etw. (dat.) verbinden	relier qq.ch. à qq.ch.
sich mit jdm verstehen	s'entendre avec qqn
mit etw. vergleichen	comparer avec qq.ch.
jdn (acc.) mit etw. (dat.) versorgen	approvisionner qqn en qq.ch.
sich mit jdm verabreden	donner rendez-vous à qqn
mit jdm zusammenarbeiten	collaborer, travailler avec qqn

Nach + datif

*nach etw. / jdm fragen**	se renseigner à propos de qq.ch. /qqn (demander qqn)
sich nach etw. / jdm erkundigen	se renseigner sur qq.ch. / qqn
sich nach etw. richten	se diriger d'après qq.ch.
nach etw. schmecken	avoir le goût de qq.ch.
nach etw. / jdm suchen	chercher qq.ch. / qqn
nach etw. streben	aspirer à qq.ch.

Attention : *fragen* se construit avec l'accusatif et *nach* + datif.

Sie fragte mich (acc.) *nach dem Weg* (dat.).

Elle me demanda son chemin.

Über + accusatif

sich über etw. / jdn ärgern	s'énerver au sujet de qq.ch. / qqn
sich über etw. / jdn beklagen / beschweren	se plaindre de qq.ch. / qqn
sich über etw. informieren	s'informer de qq.ch.
sich über etw. unterhalten	s'entretenir de qq.ch.
über etw. berichten	faire un rapport sur qq.ch.
über etw. lachen	se moquer de qq.ch.
über etw. sprechen	parler de qq.ch. (de manière approfondie)
über etw. nachdenken	réfléchir à qq.ch.
über etw. verfügen	disposer de qq.ch.

Unter + datif

unter etw. leiden	souffrir de qq.ch.
etw. (acc.) *unter etw.* (dat.) *verstehen*	entendre qq.ch. par qq.ch

Um + accusatif

um etw. bitten	demander qq.ch.
sich um etw. handeln	s'agir de qq.ch.
sich um etw. kümmern	s'occuper de qq.ch.

Von + datif

von etw. sprechen	parler de qq.ch.

Vor + datif

vor etw. Angst haben /	avoir peur de qq.ch.
sich vor etw. fürchten	
vor etw. warnen	avertir de qq.ch.

Zu + datif

zu etw. beitragen	contribuer à qq.ch.
zu etw. einladen	inviter à qq.ch.
sich zu etw. entschließen	se décider à faire qq.ch.
zu etw. führen	mener à qq.ch.
zu etw. gehören	faire partie de qq.ch.
jdm zu etw. gratulieren	féliciter qn de qq.ch.
zu etw. passen	aller avec qq.ch., convenir à
zu etw. zählen	compter parmi

Verbes suivis de l'accusatif
(contrairement au français)

fragen : interroger,	*Er fragte mich nach ihr.*
questionner, demander	Il me demanda de ses nouvelles.
kosten : coûter (suivi	*Es kostete mich 300 Euro.*
du double accusatif !)	Cela me coûta 300 euros.
sprechen : parler (à)	*Ich möchte den Direktor sprechen.*
	Je voudrais parler au directeur.

Verbes suivis du datif
(contrairement au français)

danken : remercier	*Ich danke dir.*
	Je te remercie.
gelingen : réussir	*Es gelang mir, ihn zu erreichen.*
(attention : verbe	J'ai réussi à le joindre.
impersonnel)	
gratulieren : féliciter	*Ich gratuliere dir zum Geburtstag.*
	Je te souhaite bon anniversaire.
helfen : aider	*Wir helfen dir gern.*
	Nous t'aidons volontiers.

Faux amis

das Gymnasium : le lycée	≠	le gymnase : *die Turnhalle*
extra : exprès, spécialement *Ich mache es extra für dich.* Je le fais exprès pour toi.	≠	C'est extra ! *Das ist (ja) toll!*
die Figur (-en) : 1. la silhouette, la ligne *Sie passt auf ihre Figur auf.* Elle fait attention à sa ligne. 2. le personnage *Martin ist die Hauptfigur des Romans.* Martin est le personnage principal du roman.	≠	la figure, le visage : *das Gesicht*
die Phantasie : l'imagination *Er hat viel Phantasie.* Il a beaucoup d'imagination.	≠	des bijoux de fantaisie : *Modeschmuck*
das Regal : l'étagère *die Feinfühligkeit* : la délicatesse	≠	le régal : *die Delikatesse*

Noms voisins

- *das Gesicht (-er)* : le visage
  das Gedicht (-e) : le poème
  die Geschichte (-en) : l'histoire
- *der Mann (¨er)* : l'homme (masculin)
  der Mensch (-en) : l'Homme (être humain)
- *der Arbeitgeber (-)* : le patron
  der Arbeitnehmer (-) : le salarié

Verbes voisins

- *kennen, kannte, gekannt* : connaître
  können, konnte, gekonnt : pouvoir, être capable de, savoir
  wissen, wusste, gewusst, er weiß : savoir (connaissance)
Er kennt ihn gut. Il le connaît bien.
Er kann schwimmen. Il sait nager.
Er weiß seine Lektion auswendig. Il sait sa leçon par cœur.

■ *tun, tat, getan* : faire
  machen, machte, gemacht : faire

Attention : ces deux verbes ne sont pas interchangeables.
Retenez les expressions idiomatiques suivantes :
Es tut weh/ wohl. Cela fait mal / du bien.
Es tut mir leid. Je regrette.
Ich habe noch zu tun. J'ai encore à faire.
Er tut (nur) so. Il fait (seulement) semblant.
Sie macht das Essen / das Bett. Elle fait le repas / le lit.
Das macht mir Angst. Cela me fait peur.

Adjectifs voisins

■ *geistig* : spirituel, intellectuel
  geistlich : religieux
Eine geistige Arbeit. Un travail intellectuel.
Geistliche Lieder. Des chants religieux.

■ *verständlich* : compréhensible
  verständig : compréhensif, raisonnable
Seine Stimme war verständlich. Sa voix était compréhensible.
Er hat einen verständigen Chef. Il a un chef compréhensif.

Confusions fréquentes

■ *der Junge(-en)* : le garçon
  der Jugendliche(-n) : le jeune, les jeunes
  die jungen Leute = die Jugend : les jeunes, la jeunesse

■ *darstellen* : représenter (tableau)
  vorstellen : présenter
  sich vorstellen (+ datif) : se représenter, s'imaginer
Das Bild stellt eine Landschaft dar.
Le tableau représente un paysage.
Ich stelle mich vor : Frau Schmidt.
Je me présente : Mme Schmidt.
Stell dir vor, er hat gewonnen.
Imagine un peu ! Il a gagné.

■ *gewinnen* : gagner (sport, prix)
  verdienen : gagner (de l'argent)

■ *das Jura* : le droit (matière étudiée)
   das Recht : le droit (raison, bon droit)

Er studiert Jura. Il étudie le droit.
die Menschenrechte : les Droits de l'Homme

■ *kaufen* : acheter ↔ *verkaufen* : vendre
   der Käufer : l'acheteur ↔ *der Verkäufer* : le vendeur

■ *lernen* : apprendre par soi-même (l'élève)
   lehren : apprendre à quelqu'un, enseigner (le professeur)
   erfahren : apprendre (par autrui, par expérience)

Der Schüler lernt seine Lektion.
L'élève apprend sa leçon.

Sie lehrt sie Deutsch. (double accusatif)
Elle leur apprend l'allemand.

Ich habe es durch die Zeitung erfahren.
Je l'ai appris par le journal.

■ *verlieren, verlor, verloren* : perdre
   lösen : résoudre un problème (à cause de l'anglais « *to lose* »,
   perdre)

■ *theoretisch / die Theorie* : théorique / la théorie
   praktisch / die Praxis : pratique / la pratique

■ *die Rationalisierung* : la rationalisation
   die Industrialisierung : l'industrialisation
   die Investition : l'investissement

Mots à plusieurs sens

der Fall	**1.** la chute *Der Fall der Berliner Mauer war ein Weltereignis.* La chute du mur de Berlin fut un événement mondial. **2.** le cas *Auf jeden Fall kommt er.* En tout cas il viendra.
das Land (¨er)	**1.** le pays (l'État) *Deutschland ist ein Bundesland.* L'Allemagne est un État fédéral. **2.** la région *Die Bundesrepublik besteht aus 16 Ländern.* La Rép. fédérale se compose de 16 régions. **3.** la campagne *Ich fahre aufs Land.* Je vais à la campagne.
die Person (-en)	**1.** la personne **2.** le personnage *Die Hauptpersonen sind Mitglieder derselben Familie.* Les personnages principaux sont membres de la même famille.
die Post	**1.** la poste **2.** le courrier *Heute habe ich Post.* Aujourd'hui, j'ai du courrier.
der Rat	**1.** pluriel : *Ratschläge* : le conseil *Er gibt mir gute Ratschläge.* Il me donne de bons conseils. **2.** pluriel : *Räte* : le conseil (institution), le conseiller *Er sitzt im Stadtrat.* Il est conseiller municipal.
der Tag	**1.** le jour **2.** l'assemblée *der Bundestag* : l'assemblée fédérale

der Verdienst	1. le gain, le salaire *Er hat einen guten Verdienst.* Il a un bon salaire.
das Verdienst	2. le mérite *Seine Verdienste sind unbestritten.* Ses mérites sont indiscutables.
die Wahl	1. le choix *Du hast die Wahl.* Tu as le choix. 2. l'élection *Die Wahl / die Wahlen fanden am Sonntag statt.* Les élections ont eu lieu dimanche.
ziehen	1. tirer *Das Auto zieht einen Wohnwagen.* La voiture tire / tracte une caravane. 2. passer, défiler *Die Demonstranten ziehen durch die Straßen.* Les manifestants défilent dans les rues.
der Zug	1. le train 2. le cortège *der Karnevalszug* : le cortège du carnaval

Expressions différentes et de sens voisin

■ Le salaire

das Gehalt : le traitement (fonctionnaire, employé)
der Lohn : le salaire (ouvrier)
der Verdienst : le gain

■ Prendre une décision

einen Entschluss fassen = eine Entscheidung treffen

■ Attendre

1. *warten auf* + accusatif   *Er wartet auf sie.* Il l'attend.
2. *erwarten* + accusatif   *Er erwartet sie in einer Stunde.*
    Il l'attend dans une heure.

■ Appartenir à, faire partie de

1. *jdm gehören*   *Wem gehört diese Tasche?*
    À qui appartient ce sac ?

2. *gehören zu* + datif	*Das gehört zu seiner Arbeit.*
	Ça fait partie de son travail.
3. *angehören* + datif	*Gehörst du einer Partei an?*
	Tu es membre d'un parti ?

■ Créer, faire / réaliser un travail

1. *schaffen, schuf, geschaffen,* créer	*Karl Lagerfeld hat einen neuen Stil geschaffen.*
	Karl Lagerfeld a créé un nouveau style.
2. *schaffen, schaffte, geschafft,* faire, réaliser un travail	*Heute habe ich viel geschafft.*
	Aujourd'hui j'ai bien travaillé / j'ai réalisé beaucoup de choses.

Expressions identiques et de sens contraire

■ Licencier qqn, donner son congé

1. *kündigen* + datif : licencier	*Er hat ihm gekündigt.*
	Il l'a licencié.
2. *kündigen* : donner son congé, quitter son travail	*Er hat gekündigt.*
	Il a donné son congé.

■ Prêter, emprunter

1. *leihen* : prêter	*Er hat mir 100 Euro geliehen.*
	Il m'a prêté 100 euros.
2. *leihen* : emprunter	*Er hat von mir 100 Euro geliehen.*
	Il m'a emprunté 100 euros.

■ **Les noms géographiques** qui désignent un continent, un pays, une région, une ville sont employés le plus souvent sans article.

Sie wohnen in Europa / in Frankreich / in Paris.
Ils habitent en Europe / en France / à Paris.

■ **Ils sont cependant du neutre**. Le genre apparaît dans deux cas :
• lorsqu'ils sont précédés d'un adjectif épithète :
das neue Deutschland : la nouvelle Allemagne
• lorsqu'ils sont suivis d'un complément de nom :
das Deutschland der zwanziger Jahre :
l'Allemagne des années 20

■ **Certains noms de pays prennent l'article**. Ce sont des exceptions ou des noms qui désignent plutôt un système politique.
die Schweiz, die Slowakei, die Türkei, der Iran, der Irak, der Libanon, die USA / die Vereinigten Staaten, die Bundesrepublik

■ **Attention** : il faut toujours distinguer le nom de l'habitant d'un pays et celui de la langue parlée dans ce pays.
Ich bin Franzose / Französin, ich spreche Französisch.
Je suis Français / Française, je parle français.

■ **Il y a deux catégories de noms** pour désigner l'habitant d'un pays :
• noms en *-e* (masculin) et *-in* (féminin) :
der Schwede / die Schwedin, der Pole, der Tscheche,...
• noms en *-er* (masculin) et *-erin* (féminin) :
der Engländer / die Engländerin, der Italiener, der Spanier...

■ **Exception** : il n'y a qu'un adjectif pour désigner l'Allemand (habitant de l'Allemagne) et l'allemand (la langue).
der Deutsche / die Deutsche / die Deutschen

Mais :
ein Deutscher / eine Deutsche / Deutsche (adjectif substantivé)
Er spricht sehr gut Deutsch.
Il parle très bien allemand.

■ **Les indications de mesure sont invariables** en règle générale, sauf les unités terminées par *-e*, qui font *-en* au pluriel, et qui sont suivies immédiatement de l'élément mesuré.

2 Pfund (livres) *Butter, 10 Kilo Äpfel, 4 Meter Stoff* (tissu),
2 Stück Zucker, 3 Glas Wein, minus 10 Grad,
2 Sack Kartoffeln, 2 Dutzend (douzaines) *Eier*

Mais :
3 Tonnen Altpapier : trois tonnes de vieux papier
2 Flaschen Bier

■ **Remarque** : au datif pluriel, après une préposition, on rencontre plutôt la désinence *-(e)n* .

eine Länge von zehn Metern : une longueur de 10 mètres

Monnaies

La plupart des monnaies sont invariables, même après une préposition suivie du datif. On dira :

10 Euro, 10 Cent(s), 10 Franken (Suisse), *10 Pfund* (livres sterling), *10 Dollar(s)*

Mit 10 Euro in der Tasche… : Avec dix euros en poche…

Fractions et pourcentages

■ **La demie / la moitié** : die Hälfte / halb.
halb Europa / die Hälfte Europas : la moitié de l'Europe
Es ist halb drei.
Il est 2 heures et demie.

■ *Halb* est aussi employé en tant qu'adjectif épithète décliné.
ein halbes Dutzend Eier : une demi-douzaine d'œufs

■ **Pour 1 1 / 2** il y a un mot spécial, suivi du pluriel : *anderthalb*.
Nach anderthalb Stunden kam er zurück.
Il revint au bout d'une heure et demie.

■ **Un tiers, un quart, un cinquième, …**
ein Drittel, ein Viertel, ein Fünftel,…(invariables au pluriel)

■ **Un sur deux, trois,… :** *jeder zweite, dritte, …*

Jeder zweite / dritte bestand die Prüfung.

Einer von zweien / dreien bestand die Prüfung. (plus rare)

Un sur deux / trois a réussi l'examen.

Remarque : *Jeder zweite / dritte …* est plus courant.

■ **Les deux (ensemble) :** *beide.*

Die beiden (Mädchen) waren blond.

Les deux (filles) étaient blondes.

■ **Tous les deux, trois…** + complément de temps : *alle.*

alle 3 Monate : tous les 3 mois

■ **Tous les 15 jours** : *alle 14 (7x2) Tage / alle 2 Wochen.*

■ **Pour cent** : *50 Prozent.*

■ **Majorité / minorité** : *die Mehrheit / die Minderheit.*

■ **La plupart** : *die meisten.*

die meisten Leute : la plupart des gens

Notions positives   Notions négatives

gut, positif, bien *interessant*, intéressant *spannend*, captivant *wichtig*, important	*schlecht*, négatif, mauvais *uninteressant*, sans intérêt *sinnlos*, *absurd*, insensé, absurde *unbedeutend*, *unwichtig*, secondaire, sans importance

Der Film war spannend /uninteressant.
C'était un film à suspense / sans intérêt.
Diese Stelle ist für mich sehr wichtig.
Ce poste est très important pour moi.

schön, *hübsch*, beau, joli *angenehm*, agréable *reizend*, charmant *beliebt*, aimé, populaire	*hässlich*, laid *unangenehm*, *beängstigend*, désagréable, angoissant *schrecklich*, *furchtbar*, terrible *unbeliebt*, impopulaire

Ein schöner Junge, ein hübsches Mädchen.
Un beau garçon, une jolie fille.
Es war ein schrecklicher Unfall.
C'était un terrible accident.
Diese Musik ist sehr beliebt.
Cette musique est très populaire.

wahr, *richtig*, vrai, juste *gerecht*, juste *echt*, *natürlich*, authentique, naturel *annehmbar*, acceptable	*falsch*, faux *ungerecht*, injuste *künstlich*, artificiel *unerträglich*, insupportable

Diese Maßnahme scheint mir richtig / ungerecht.
Cette mesure me paraît juste, injuste.
Ihre Haltung war natürlich / künstlich / unerträglich.
Son attitude était naturelle / artificielle / insupportable.

froh, fröhlich, gai, enjoué	*traurig,* triste
lustig, drôle, amusant	*ängstlich,* angoissé
sicher / selbstsicher, sûr / sûr de soi	*unsicher, unruhig,* inquiet
munter, dynamisch, entreprenant, dynamique	*verzweifelt,* désespéré

Sie ist immer froh und munter.
Elle est toujours gaie et enjouée.

Er war nicht verzweifelt, obwohl seine Lage aussichtslos schien.
Il n'était pas désespéré, bien que sa situation semblât sans issue.

Sie fühlte sich unsicher, ja ängstlich.
Elle se sentait inquiète, voire angoissée.

zufrieden, content, satisfait	*unzufrieden, böse,* mécontent, insatisfait
einverstanden, d'accord	*zornig, wütend,* en colère
heiter, serein	*aufgeregt, verärgert,* excité, énervé
überzeugt, convaincu	*gleichgültig,* indifférent

Bist du mit der Antwort zufrieden / einverstanden?
Es-tu satisfait de / d'accord avec la réponse ?

Er war ihr böse.
Il lui en voulait.

▶ L'Allemagne a été et est encore, avec la France, le pionnier de la construction européenne. Voici quelques dates-clés de ce processus.

1952 Les « Six », c'est-à-dire l'Allemagne, la France, l'Italie, la Belgique, le Luxembourg et les Pays-Bas signent le traité constituant la CECA (Communauté européenne du charbon et de l'acier).

1957 Les Six signent le **traité de Rome** instituant la Communauté économique européenne.

1963 La France (de Gaulle) et l'Allemagne (Konrad Adenauer) signent le **traité d'amitié et de coopération franco allemandes**.

1973 Entrée de l'**Irlande, la Grande-Bretagne et le Danemark**. (Les Neuf)

1977 Suppression de tous les droits de douane.

1979 Mise en place du **système monétaire européen**. Première élection au suffrage universel du Parlement européen qui siège à Strasbourg.

1981 Entrée de la **Grèce** dans la Communauté.

1986 Entrée de l'**Espagne et du Portugal** dans la CEE. (Les Douze)

1987 **Acte unique européen** : élargissement des compétences européennes, coopération en matière de politique étrangère.

1992 Accord de **Maastricht** sur l'Union européenne.

1993 Achèvement du **Marché unique**.

1995 Adhésion de l'**Autriche, de la Finlande et de la Suède**. Entrée en vigueur de l'accord de **Schengen** (libre circulation des citoyens dans l'espace européen).

2002 Mise en place d'une monnaie unique, **l'euro**. La banque centrale européenne (EZB, *Europäische Zentralbank*) a son siège à **Francfort**.

2004 Élargissement de l'UE à **25 membres** : Estonie, Lettonie, Lithuanie, Pologne, Tchéquie, Slovaquie, Hongrie, Slovénie, Malte et Chypre.

■ **Situation**

L'Allemagne est un pays **au centre de l'Europe** qui a **de nombreux voisins.**

Au Nord : le Danemark ; **à l'Est :** la Pologne, la Tchéquie ; **au Sud :** la Suisse, l'Autriche ; **à l'Ouest :** la France, le Luxembourg, la Belgique et les Pays-Bas.

■ **Trois types de paysages**

1. Les Alpes bavaroises *(die Bayerischen Alpen)* au sud.

La *Zugspitze,* 2 963 m, est le point le plus élevé d'Allemagne.

2. L'Allemagne moyenne *(das Mittelgebirge).*

Au sud-ouest : la Forêt-Noire *(der Schwarzwald)* et le Jura souabe *(die Schwäbische Alb)*.

Au centre : le massif schisteux rhénan *(das Rheinische Schiefergebirge)* : *Hunsrück, Eifel, Taunus* et *Westerwald*.

Au nord de cette zone : *Teutoburger Wald, Harz, Thüringer Wald* et *Erzgebirge* (Monts métalliques).

3. La plaine du Nord de l'Allemagne *(Die norddeutsche Ebene)*. Le Nord est plat de Cologne à la frontière polonaise.

■ Les mers et la côte

L'Allemagne a deux accès à la mer : la mer du Nord *(die Nordsee)* au nord-ouest et la mer Baltique *(die Ostsee)* au nord-est.

La côte ouest est plate, les terres sont quelquefois au-dessous du niveau de la mer *(unter dem Meeresspiegel)*.

Au large de la côte, beaucoup d'îles : les îles de la Frise *(ostfriesische Inseln)*, les *Halligen* et *Sylt*. Certaines îles peuvent être atteintes à pied à marée basse *(bei Ebbe)*.

La côte est, elle aussi **plate** excepté l'île de *Rügen*, célèbre pour ses falaises calcaires *(Kreidefelsen)*.

■ Cinq grands fleuves

Le Danube *(die Donau)* coule d'ouest en est et est le plus long fleuve d'Europe. Il se jette dans la mer Noire.

Le Rhin *(der Rhein)* a sa source en Suisse, traverse le lac de Constance *(der Bodensee)*, forme la frontière avec la France, coule à travers la Hollande et se jette dans la mer du Nord.

La Weser *(die Weser)* est formée de la Werra et de la Fulda en Thuringe et se jette dans la mer du Nord près de Brême.

L'Elbe *(die Elbe)* a sa source en Tchéquie, traverse la Saxe *(Dresden)* et se jette dans la mer du Nord près de Cuxhaven. Hambourg, le plus grand port allemand, est sur l'Elbe, à 100 km de la mer.

L'Oder *(die Oder)* a sa source en Pologne et forme avec son affluent la Neiße, la frontière germano-polonaise *(die Oder-Neiße-Linie)*. Il se jette dans la mer Baltique près de Szczecin *(Stettin)*.

■ Population

L'Allemagne est très peuplée : Elle compte **82,5 millions d'habitants** pour une superficie de **356 000 km²** *(Quadratkilometer)*, soit **230 habitants au km²** (la France a 60 millions d'habitants sur une superficie de 550 00 km²). La plupart des habitants vivent dans les villes. Il y a plus de femmes que d'hommes (52 % de femmes) et plus de personnes âgées (19 % + 65 ans) que de jeunes (14,5 % − 15 ans). Le taux de fécondité – 1,35 % – est un des plus bas d'Europe.

■ **Les dix plus grandes villes (nombre d'habitants)**

1 Berlin	3 millions	6 Frankfurt/M	600 000
2 Hamburg	1,5 million	7 Dortmund	570 000
3 München	1,3 million	8 Stuttgart	565 000
4 Köln	920 000	9 Düsseldorf	560 000
5 Essen	615 000	10 Leipzig	550 000

■ **Les étrangers (8,5 % de la population)**

Turcs	1,9 million	Italiens	540 000
Ex-Yougoslavie	600 000	Grecs	280 000

Depuis la réunification beaucoup d'étrangers arrivent de l'Europe de l'Est (de Pologne par exemple).

■ **Système économique**

Le système économique en vigueur est l'économie sociale de marché *(die soziale Marktwirtschaft)*.

La devise est : « Aussi peu d'État que possible, autant d'État que nécessaire. »

■ **Industrie**

• **L'Allemagne est un grand pays industrsialisé.** Ses points forts sont :

L'automobile	Volkswagen, Opel, BMW, Daimler-Benz (Mercedes), Porsche
La chimie	Bayer, BASF, Hoechst, Henkel
L'électronique et l'électrotechnique	Siemens
La construction mécanique	Bosch, Miele, AEG
L'aéronautique	MBB, EADS (Airbus)
La mécanique de précision et l'optique	Zeiss, Leica
La métallurgie	Krupp, Thyssen

• **Les régions industrielles sont bien réparties** sur le territoire.
Les centres principaux sont :

La Ruhr *(das Ruhrgebiet),* de Düsseldorf à Dortmund : Métallurgie : Thyssen à Duisburg, Krupp à Essen Chimie : Bayer à Leverkusen Automobile : Opel à Bochum Brasseries : Dortmund	Munich Brasseries : Spatenbräu Électrotechnique : Siemens Automobile : BMW Aéronautique : MBB Informatique
La région Rhin-Main, autour de Frankfurt et Mainz : Chimie : Hoechst, BASF Automobile : Opel à Rüsselsheim Optique : Leica	Stuttgart Automobile : Daimler-Benz, Porsche Construction mécanique : Bosch Optique : Zeiss
Berlin Électronique, informatique : Siemens Construction mécanique : AEG	Hannover Automobile : Volkswagen (Wolfsburg) Construction mécanique : Preußag
Hamburg Aéronautique : Airbus Chantiers navals	Saxe *(Leipzig-Dresden)* Automobile, chimie, métallurgie Saxe-Anhalt *(Halle)* Lignite, chimie

■ **Agriculture** (*die Landwirtschaft*)

Moins importante, elle couvre cependant 80 % des besoins.

Au sud : élevage *(die Viehzucht),* cultures fruitières, vignobles *(der Obst- und Weinbau).*

Au nord : céréales *(das Getreide),* pommes de terre et betteraves *(die Zuckerrübe).*

Un tiers de la surface est couverte par la forêt. Malheureusement, 50 % des forêts sont touchées par la pollution.

La pêche *(der Fischfang)* joue un rôle important sur les côtes de la mer du Nord.

■ **Commerce** (*der Handel*)

Le commerce est très important pour l'Allemagne, deuxième exportateur mondial après les USA.

Les foires *(die Messe)* et les expositions *(die Ausstellung)* ont une longue tradition. La Foire de Hanovre est la plus grande foire industrielle du monde.

Francfort est une des places financières les plus importantes du monde avec la Bourse et l'*EZB* (*Europäische Zentralbank,* Banque centrale européenne qui gère l'euro).

■ Situation et population

L'Autriche (*Österreich*) est un **pays alpin**. Mais elle est traversée par la vallée du Danube dans le Nord du pays, qui forme une **plaine fertile**.

Sa superficie est de 84 000 km² et elle a 8,1 millions d'habitants.

■ Les plus grandes villes (nombre d'habitants)

1 Wien	1,5 million
2 Graz	250 000
3 Linz	215 000
4 Salzburg	140 000
5 Innsbruck	120 000

■ Économie

Comme l'Allemagne, l'Autriche a adopté l'économie sociale de marché. Mais une partie de l'industrie, la production d'énergie et les grandes banques sont nationalisées *(verstaatlicht)*. Depuis 2000, l'État a privatisé la Poste, les Télécom, les Tabacs.

Le bilan du commerce extérieur est positif, le déficit n'atteint que 1,7 % du PIB.

■ Industrie

Minerai de fer (*Eisenerz*)	Industrie électrique	Énergie hydro-électrique
Industrie du bois	Construction mécanique	Chimie

■ Agriculture

Élevage dans les Alpes et betteraves à sucre, céréales et cultures fruitières dans la vallée du Danube.

■ Tourisme

Le tourisme est un facteur économique important. L'Autriche attire par ses monuments, son histoire et ses paysages alpestres (sports d'hiver : *Wintersport*, escalade : *Bergsteigen*).

Stations de sport d'hiver : Kitzbühel, Sankt Anton, Igls, Seefeld, Schruns.

Autriche

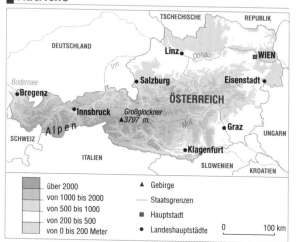

Suisse

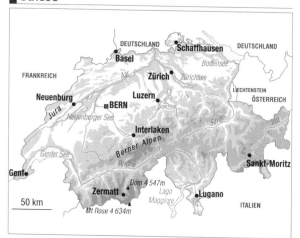

■ **Situation et population**

La Suisse (die Schweiz) est un pays alpin tout comme l'Autriche et a une **superficie de 41 000 km²**. Elle compte **7,3 millions d'habitants**.

■ **Les plus grandes villes** (nombre d'habitants)

1 Zürich	350 000
2 Basel (Bâle)	175 000
3 Genf (Genève)	160 000
4 Bern (Berne)	130 000
5 Lausanne	125 000

La Suisse est un pays industriel riche et un centre commercial important avec ses nombreuses banques internationales où beaucoup d'étrangers placent leur argent (parfois sale).

Le taux de chômage est de 3,6 %.

■ **Industrie : trois secteurs phares**

• Produits alimentaires (chocolat et produits laitiers), avec les célèbres trusts Nestlé et Maggi.

• Industrie pharmaceutique à Bâle (Sandoz),

• Industrie horlogère (Swatch, Breitling).

Par contre, certaines banques, assurances et la seule compagnie aérienne suisse, Swiss, connaissent des difficultés.

■ **Agriculture**

Surtout l'élevage dans les Alpes.

■ **Tourisme**

Genève, Bâle et Zurich sont des grands centres internationaux. Le lac Léman et le lac de Constance attirent beaucoup de touristes l'été.

Beaucoup de stations de sports d'hiver connues : Davos, Adelboden, Crans Montana, Gstaad.

▌Les syndicats *(die Gewerkschaften)*

■ **En Allemagne les syndicats sont puissants.** Ils font presque tous partie de la Confédération des syndicats allemands *(DGB, Deutscher Gewerkschaftsbund)* et sont organisés par branche : par exemple l'*IG Metall (Industriegewerkschaft)* défend les intérêts des métallurgistes.

■ **Les grèves** *(der Streik)* sont rares, car chaque année ont lieu des négociations tarifaires *(Tarifverhandlungen)* sur les salaires et les conditions de travail, et la grève est seulement déclenchée quand on ne trouve pas de compromis. L'État n'intervient pratiquement jamais.

■ **Les salariés** discutent avec le patronat, regroupé au sein du *Arbeitgeberverband* (équivalent du Medef). Les syndicats sont si puissants qu'ils peuvent payer les jours de grève.

■ **Les fonctionnaires** *(die Beamten)* n'ont pas le droit de grève. Un syndicat *(der Beamtenbund)* les représente.

■ **Le chômage** *(Arbeitslosigkeit)* a augmenté depuis la réunification, particulièrement dans l'Allemagne de l'Est : 11,5 % de la population active sont au chômage (18,6 % à l'Est, 9,6 % à l'Ouest), soit environ 4,8 millions de personnes.

▌Les Églises *(die Kirchen)*

■ **Environ 34 % de la population est catholique** *(katholisch)*, 34 % protestante *(evangelisch)*.

■ **L'Église et l'État ne sont pas séparés,** si bien que les curés et les pasteurs sont payés par les contribuables *(Kirchensteuer)*. Ces dernières années, beaucoup de citoyens quittent l'Église pour des raisons financières (ou quelquefois idéologiques).

■ **Le Sud** (excepté le Wurtemberg) **et la Rhénanie** sont en majorité catholiques ; **le Nord** plutôt protestant.

■ **À l'école est dispensé un enseignement religieux** *(Religionsunterricht)*. Si l'on n'est pas croyant, on est inscrit à un cours d'éthique.

■ **Les musulmans sont une minorité** (3,7 %). On les trouve surtout dans les grands centres industriels et les grandes villes comme Berlin, où résident beaucoup de Turcs.

Les Verts et l'environnement
(die Grünen und die Umwelt)

■ **La plupart des Allemands** sont conscients des problèmes d'environnement. Les Verts ont joué un grand rôle dans cette prise de conscience. Ils ont obtenu le tri des ordures *(der Müll wird sortiert)* : on voit partout aujourd'hui des poubelles sélectives pour le papier, le verre, le métal, le plastique, etc.

■ **Les Verts ont lutté pour le désarmement** et se sont opposés aux centrales nucléaires. C'est pourquoi l'Allemagne a très peu de centrales nucléaires et aucune usine de retraitement des déchets nucléaires.

■ **L'Autriche** n'a aucune centrale nucléaire.

■ **La lutte contre la pollution de l'eau et de l'air** fait également partie du programme des Verts. Ils essaient de limiter les dégâts causés aux forêts, ont fait adopter par l'Europe l'essence sans plomb *(bleifreies Benzin)* et le catalyseur *(Katalysator)* et ont obtenu des lois qui obligent les industriels à adopter des normes plus strictes pour les gaz et les eaux usées. Ils se soucient également de la qualité de l'eau dans les rivières et dans la mer.

■ **Dans les nouveaux Länder,** le problème de l'environnement est loin d'être résolu.

■ **Il n'y a pas de ministère de l'Éducation nationale** en Allemagne, mais seize ministres régionaux *(Kultusminister)*.

■ **Il n'y a pas d'école maternelle**, mais des jardins d'enfants *(Kindergarten)* privés et payants.

■ **Les classes sont numérotées de 1 à 13.** Une réforme est en cours pour réduire la durée de l'école à 12 années dans l'ensemble des régions d'ici 2015.

■ **L'école primaire** *(Grundschule)* dure quatre ans (6 à 10 ans).

■ **Ensuite, l'élève peut choisir entre trois filières :**

• L'école fondamentale *(Hauptschule)* qui mène à des formations courtes et techniques (type CAP, BEP).

• L'école moyenne *(Realschule* ou *Mittelschule)* qui mène à des formations techniques (type Bac pro ou bac technique).

• Le lycée *(Gymnasium)* réservé à une élite (35 % d'une classe d'âge) qui mène au bac et aux études supérieures.

■ **À côté de ces trois filières** existent à titre expérimental des écoles dites globales *(Gesamtschule)* qui regroupent tous les élèves au sein d'un même établissement au moins jusqu'à la 9e classe.

■ **Les élèves ont des cours de 45 minutes** qui se terminent en général vers 13 h. Ils ont moins de vacances que les Français.

■ **Les notes vont de 1** (la meilleure) **à 6** (très insuffisant). Seules les notes 5 et 6 sont considérées comme insuffisantes.

■ **La plupart des élèves** quittent l'école après la 9e classe. Ils vont alors en apprentissage *(Lehre)* et reçoivent une formation par alternance *(Duales System)* en entreprise et dans un lycée.

■ **Les deux dernières années**, les élèves choisissent leurs quatre matières d'examen, trois se passant à l'écrit et une à l'oral.

■ **Le baccalauréat** est passé dans le lycée où se trouve l'élève et corrigé par ses professeurs. Il ne donne pas automatiquement accès à l'université. Pour certaines matières une sévère sélection a lieu, appelée *Numerus clausus*.

■ **Les études supérieures** sont entièrement contrôlées par les universités. Les étudiants peuvent s'inscrire dans une université hors de leur région d'origine.

▶ Jusqu'en 1806, l'Histoire de l'Allemagne et de l'Autriche ne font qu'une. L'Allemagne n'a connu l'unité que de 1870 à 1945 et depuis 1990, ce qui explique l'importance des régions *(Länder)*.

▌Les grandes dates de l'histoire allemande

962 Le Saint Empire romain-germanique *(das Heilige Römische Reich Deutscher Nation)*.

1356 7 princes électeurs *(Kurfürsten)* élisent l'empereur.

1438 L'empire reste dans la Famille **Habsburg** jusqu'en 1806.

1517 Début de la Réforme *(Reformation)* : **Luther**.

1519-1556 Charles Quint *(Karl V.)* et la Contre-Réforme.

1618-1648 La guerre de 30 ans *(Dreißigjähriger Krieg)* ravage l'Allemagne.

1640-1688 Le grand prince-électeur **Friedrich Wilhelm** *(Hohenzollern)* : début de la puissance de la Prusse *(Preußen)*.

1740-1780 Maria Theresia, impératrice *(Wien)*.

1740-1786 Friedrich II, roi de Prusse *(Berlin)*.

1806 Fin du Premier Empire (par **Napoléon**).

1815-1848 Confédération de l'Allemagne du Nord *(Deutscher Bund)* autour de la Prusse.

1848 Révolution à Berlin.

1862-1890 Bismarck, chancelier, fait l'unité de l'Allemagne *(Einheit Deutschlands)* contre l'Autriche et la France.

1871 Wilhelm I., empereur allemand *(2ᵉ Reich)*.

1888-1918 Wilhelm II., empereur, abdique à la fin de la 1ʳᵉ guerre.

1918 République de *Weimar*.

1923 Grande Inflation.

1925 Hindenburg président.

1933 Hitler chancelier, en 1934 Führer *(3ᵉ Reich)*.

1939 Début de la 2ᵉ guerre mondiale *(2. Weltkrieg)*.

1945 L'Allemagne est occupée par les quatre Alliés *(vier Alliierten)* : URSS, USA, Angleterre et France.

1949 Création de l'Allemagne fédérale *(Bundesrepublik, Bonn)* et de l'Allemagne de l'Est *(DDR, Berlin)*.

1949 Adenauer (RFA), **Ulbricht**, puis **Honecker** (RDA).

1961 Construction du mur de Berlin.

1969-1974 Willy Brandt chancelier (SPD + FDP).

1982-1998 Helmut Kohl chancelier (CDU + FDP).

1989 Chute du mur : le changement *(die Wende)*.

1990 3.10. La réunification *(Wiedervereinigung)*.

1998-2005 Gerhard Schröder chancelier (SPD + Grüne).

2005 Angela Merkel chancelière (CDU + SPD).

Les grandes dates de l'histoire autrichienne

1804 Franz II., empereur d'Allemagne devient en 1806 **Franz I.**, empereur d'Autriche.

1815 Congrès de Vienne (*Wiener Kongress*) : **Metternich** chancelier.

1848 Révolution à Vienne.

1848-1916 **Franz Joseph I.**, empereur à 18 ans (sa femme est la célèbre **Sissi**).

1867 Double monarchie Autriche-Hongrie (*Doppelmonarchie* : *k. und k. : kaiserlich und königlich*).

1914 Sarajewo : assassinat de **Franz Ferdinand**, l'héritier du trône, début de la 2ᵉ guerre mondiale.

1918 République : l'Autriche perd la Hongrie, la Tchécoslovaquie, la Slovénie, la Croatie, la Bosnie, une partie de la Roumanie et de la Pologne.

1934 Le chancelier **Dolfuss** est assassiné.

1938 Annexion (*Anschluss*) de l'Autriche par Hitler.

1945 IIᵉ République : l'Autriche est occupée.

1955 Retrait des occupants, indépendance et neutralité.

1995 Membre de l'Union européenne (*Mitglied der EU*).

Les grandes dates de l'histoire suisse

1291 Pacte éternel (*Ewiger Bund* **Wilhelm Tell**).

1499 Indépendance (les Habsburg se retirent).

1541 Calvin à Genève : Réforme.

1648 Détachement de l'Empire (*Loslösung vom Reich*).

1815 22 cantons (*Kantone*), neutralité éternelle.

1848 Confédération (*Bund*) ; capitale : Bern.

1974 Jura 23ᵉ canton.

1995 Référendum contre l'entrée dans l'Europe.

Moyen-âge

1200	▶ *Nibelungenlied*, l'histoire de Siegfried.
1210	▶ *Tristan und Isolde* et *Parzival*.

Renaissance

1450	**Gutenberg** invente l'imprimerie.
1521	**Martin Luther** (1483-1546) traduit le Nouveau Testament en allemand.

17ᵉ et 18ᵉ siècle

1646-1716	**Leibniz**, philosophe et génie universel.
1724-1804	**Emmanuel Kant** un des plus grands philosophes allemands, professeur à Königsberg.
1729-1781	**Lessing**, dramaturge et représentant du siècle des Lumières (*Aufklärung*).
1749-1832	**Johann Wolfgang Goethe**, génie universel : poète, romancier, homme de théâtre, peintre, savant, homme politique.
	▶ *Die Leiden des jungen Werther*
	▶ *Iphigenie auf Tauris* et *Faust I* et *II*
	▶ *Wilhelm Meister Lehrjahre*
1759-1805	**Friedrich Schiller**, poète, historien et homme de théâtre, ami de Goethe.
	▶ *Die Räuber* (Les brigands)
	▶ *Don Carlos* et *Wilhelm Tell*
1770-1831	**Hegel**, philosophe de l'Histoire.
1770-1843	**Friedrich Hölderlin**, poète.
	▶ *Hymnen an die Nacht*
1772-1801	**Novalis** grand poète romantique.
	▶ *Heinrich von Ofterdingen*
1777-1811	**Heinrich von Kleist**, dramaturge et novelliste.
	▶ *Der Prinz von Homburg*

19ᵉ siècle

1776-1822	**E.T.A. Hoffmann**, conteur fantastique.
1785-1863	**Jakob et Wilhelm Grimm**
1786-1859	▶ *Märchen* (Contes)
	▶ *Deutsche Sagen* (Légendes allemandes)
1788-1860	**Arthur Schopenhauer**, philosophe.

1797-1856	**Heinrich Heine**, poète et écrivain satirique, qui a vécu en exil à Paris à partir de 1830.
	▶ *Deutschland, ein Wintermärchen*
1813-1837	**Georg Büchner**, dramaturge.
	▶ *Woyzeck*
1818-1883	**Karl Marx**, philosophe à l'origine du communisme.
1819-1898	**Theodor Fontane**, journaliste et romancier prussien.
	▶ *Effi Briest*
1844-1900	**Friedrich Nietzsche**, philosophe qui eut une grande influence sur son temps.
	▶ *Also sprach Zarathustra*
1862-1946	**Gerhard Hauptmann**, écrivain naturaliste.
	▶ *Die Weber*

20ᵉ siècle

1862-1931	**Arthur Schnitzler**, écrivain autrichien.
	▶ *Der Reigen* (La Ronde)
1871-1950	**Heinrich Mann**, frère de Thomas Mann.
	▶ *Professor Unrat* devenu le film mythique « L'ange bleu » avec Marlene Dietrich.
1874-1929	**Hugo von Hofmannsthal**, poète autrichien de la décadence, auteur de romans, de livrets d'opéra.
	▶ *Der Rosenkavalier* (Le chevalier à la rose)
1875-1955	**Thomas Mann**, un des plus grands écrivains allemands du xxᵉ siècle, prix Nobel en 1929. Exilé aux USA.
	▶ *Die Buddenbrooks*
1875-1926	**Rainer Maria Rilke**, un des plus grands poètes allemands.
1877-1962	**Hermann Hesse**, écrivain suisse, prix Nobel en 1946.
	▶ *Narziss und Goldmund*
1878-1957	**Alfred Döblin**, romancier.
	▶ *Berlin Alexanderplatz*
1880-1942	**Robert Musil**, écrivain autrichien.
	▶ *Der Mann ohne Eigenschaften* (L'homme sans qualités)
1883-1924	**Franz Kafka**, écrivain juif et tchèque de langue allemande, pionnier de la littérature moderne.
	▶ *Die Verwandlung* (La métamorphose)
1898-1956	**Bertolt Brecht**, homme de théâtre, connu pour son hostilité au nazisme et son communisme militant. Vécut longtemps en exil.
	▶ *Die Dreigroschenoper* (L'opéra de quatre sous)
	▶ *Mutter Courage*

■ **Après guerre**

1905-1994 **Elias Canetti**, écrivain européen, né en Bulgarie, mort en Angleterre, a écrit ses œuvres en allemand. Prix Nobel en 1981.
▶ *Die gerettete Zunge* (La langue sauvée).

1911-1991 **Max Frisch** : écrivain suisse.
▶ *Andorra*
▶ *Stiller*

1917-1985 **Heinrich Böll**, auteur de romans critiques.
▶ *Ansichten eines Clowns* (Point de vues d'un clown)
▶ *Gruppenbild mit Dame* (Portrait de groupe avec dame), prix Nobel 1972.

1921-1990 **Friedrich Dürrenmatt**, auteur suisse de pièces de théâtre.
▶ *Der Besuch der alten Dame* (La visite de la vieille dame)

1926 **Siegfried Lenz**, romancier.
▶ *Deutschstunde* (La leçon d'allemand)

1927 **Martin Walser**, romancier.
▶ *Halbzeit* (Mi-temps)

1927 **Günter Grass**, romancier engagé.
▶ *Die Blechtrommel* (Le Tambour)

1929 **Christa Wolf**, romancière de l'Allemagne de l'Est.
▶ *Der geteilte Himmel* (Le ciel partagé)

1931-1989 **Thomas Bernhard**, autrichien, homme de théâtre, contestataire.
▶ *Heldenplatz* (La place des héros)

1933 **Reiner Kunze**, critique du régime de la RDA.
▶ *Die wunderbaren Jahre* (Les années merveilleuses)

1942 **Peter Handke**, romancier et cinéaste autrichien.
▶ *Die linkshändige Frau* (La femme gauchère)

1944 **Christoph Hein**, romancier.
▶ *Horns Ende* (La fin de Horn)

1946 **Elfriede Jelinek**, romancière autrichienne, prix Nobel 2004.
▶ *Die Klavierspielerin* (La pianiste)

1949 **Patrick Süskind**, dont le premier livre,
▶ *Das Parfum* (1985), fut un succès mondial.

Avant-guerre

L'apogée du cinéma allemand se situe dans les années 20, à l'époque expressionniste du cinéma muet. Deux grands réalisateurs :

■ **Fritz Lang** (1890-1976), né en Autriche, émigré aux USA en 1933, où il fit une seconde carrière.
▸ Films : *Dr Mabuse, Les Nibelungen, Metropolis, M le maudit*.

■ **Friedrich Wilhelm Murnau** (1888-1931), Allemand, émigré aux USA dès 1926.
▸ Films : *Nosferatu le vampire, Le dernier homme, Faust*.

Avec l'arrivée au pouvoir des nazis, le cinéma allemand perdit ses meilleurs acteurs (comme Marlene Dietrich) et ses plus grands metteurs en scène. Il fallut attendre les années 60 pour voir renaître un cinéma allemand de qualité.

Après-guerre

Après 1962, l'industrie du cinéma allemand est relancée et l'on voit apparaître de nouveaux réalisateurs :

■ **Rainer Werner Fassbinder** (1946-1982), réalisateur fécond, a tourné jusqu'à quatre films par an, avec une petite équipe de comédiens de Munich, dont Hanna Schygulla.
▸ Films : *Le mariage de Maria Braun, Lili Marleen*.

■ **Volker Schlöndorff** (1939) s'inspire la plupart du temps d'une œuvre littéraire. Il est actuellement directeur des studios de Babelsberg à Berlin. Il a vécu longtemps en France.
▸ Films : *L'honneur perdu de Katharina Blum, Le Tambour*.

■ **Werner Herzog** a réalisé des films baroques.
▸ Films : *Aguirre, Kaspar Hauser, Fitzcarraldo, Woyzeck*.

■ **Wim Wenders** est le plus connu internationalement. Il a travaillé aux USA.
▸ Films : *Au fil du temps, L'ami américain, Les ailes du désir (Der Himmel über Berlin), Paris, Texas* (palme d'or du festival de Cannes en 1985).

■ **Caroline Link** avec
▸ *Nirgendwo in Afrika* (2001) a obtenu l'Oscar du meilleur film étranger en 2003.

Moyen-âge

1200   Cathédrales de Bamberg et de Naumburg.

Renaissance

1465-1528   **Mathias Grünewald**, retable de l'autel d'Isenheim (Colmar).

1471-1528   **Albrecht Dürer**, le plus important peintre de la Renaissance (Nuremberg).

1472-1553   **Lukas Cranach**, installé à Weimar.

1497-1543   **Hans Holbein**, peintre officiel du roi Henri VIII d'Angleterre.

17ᵉ et 18ᵉ siècle

1687-1753   **Balhasar Neumann**, architecte de la *Résidence* à Würzburg.

1685-1766   **Dominikus Zimmermann**, architecte baroque de la *Wieskirche* en Bavière.

1751-1829   **J.H.W.Tischbein**, auteur du célèbre tableau *Goethe in der römischen Campagna*.

19ᵉ siècle

1774-1840   **Caspar David Friedrich**, le plus grand peintre romantique.
       ▶ *Kreidefelsen auf Rügen*

1781-1841   **K.F. Schinkel**, peintre et architecte (Berlin).

1804-1871   **Moritz von Schwind**, auteur des fresques de la *Wartburg* et de celles de l'Opéra de Vienne.

1808-1885   **Carl Spitzweg**, peintre des petites gens.
       ▶ *Der arme Poet* est son plus célèbre tableau.

1847-1935   **Max Liebermann** est le meilleur représentant de l'impressionnisme allemand.

20ᵉ siècle

1862-1918   **Gustav Klimt**, grand peintre autrichien. Connu pour
       ▶ *Der Kuss* et ses nombreux portraits de femmes (*Jugendstil* : art nouveau)

1890-1918   **Egon Schiele**, peintre tourmenté, connu pour ses nus érotiques et ses autoportraits.

■ Expressionnisme

C'est la période la mieux représentée en Allemagne. Beaucoup de peintres expressionnistes furent persécutés par le régime nazi et considérés comme dégénérés (« *Entartete Kunst* »).

1887-1914	**August Macke** fait partie du groupe *Der blaue Reiter*.
1880-1916	**Franz Marc** connu pour ses tableaux d'animaux. ▶ *Die blauen Pferde*.
1867-1956	**Emil Nolde** peintre de la mer et du Nord, mais aussi auteur de tableaux religieux.
1880-1938	**Ernst Ludwig Kirchner** fonda le groupe *Die Brücke*. Ses personnages aux silhouettes allongées sont caractéristiques.
1884-1950	**Max Beckmann**, marqué par la Première Guerre mondiale, auteur de tableaux grinçants.
1891-1969	**Otto Dix** peintre dont les œuvres tirent sur le grotesque.
1893-1959	**George Grosz** critique dans ses tableaux la bourgeoisie de son époque.
1886-1980	**Oskar Kokoschka** a évolué vers un style personnel particulier. Tableaux de villes et portraits.

■ Abstraits

1879-1940	**Paul Klee** est un des meilleurs peintres abstraits poétiques.
1886-1944	**Wassili Kandinsky** né à Moscou, mort à Paris, il a vécu surtout en Allemagne et a été un des premiers peintres abstraits.
1891-1976	**Max Ernst** fait partie du mouvement Dada.

■ Après-guerre

1889-1955	**Wilhelm Nay**, peintre abstrait.
1902-1968	**Willi Baumeister**, peintre abstrait.
1921-1986	**Joseph Beuys**, artiste provocateur, auteur de happenings.
1928-2004	**Friedensreich Hundertwasser** peintre et architecte écologiste autrichien.
1935	**Konrad Klapheck**, peintre hyperréaliste.

17ᵉ siècle

1585-1672 Heinrich Schütz, compositeur de musique religieuse.

18ᵉ siècle

1685-1750 Johann Sebastian Bach, un des plus grands musiciens de tous les temps, maître de chapelle à Leipzig (*Thomaskantor*).
▶ Musique spirituelle : cantates, Messe en si mineur, Passion selon Saint-Jean et selon Saint-Mathieu, musique pour Orgue, clavecin, musique de chambre (*Die brandenburgischen Konzerte* : Concertos brandebourgeois).

1685-1759 Georg Friedrich Händel a vécu depuis 1712 à Londres.
▶ 40 opéras, oratorios (*Der Messias*), musique de chambre et pour orchestre.

1732-1809 Joseph Haydn, maître de chapelle du prince Esterhazy (Autriche).
▶ 100 symphonies, messes, oratorios (*Die Schöpfung* : La Création).

1756-1791 Wolfgang Amadeus Mozart, enfant prodige, génie de la musique. Originaire de Salzbourg, vécut à partir de 1780 à Vienne. Compositeur d'opéras.
▶ *Le mariage de Figaro, Don Giovanni, Die Zauberflöte* (La flûte enchantée), 50 symphonies, œuvres pour piano, concertos, messes, cantates, requiem.

19ᵉ siècle

1770-1827 Ludwig van Beethoven, le grand musicien romantique, sourd à partir de 1818.
▶ 9 symphonies (l'Hymne à la joie dans la 9ᵉ sert d'hymne européen : *Hymne an die Freude*), un opéra : *Fidelio*, sonates pour piano, musique de chambre.

1797-1828 Franz Schubert, musicien autrichien.
▶ 600 *Lieder*, dont les cycles *Die schöne Müllerin, Die Winterreise*, musique de chambre (*Der Tod und das Mädchen, Forellenquintett*), 9 symphonies (*Die Unvollendete* : l'inachevée).

1804-1849 Johann Strauss Vater, musicien autrichien.
▶ Valses et marches (*Radetzkymarsch*).

1825-1899	**Johann Strauss Sohn**, fils du précédent. Valses :
	▶ *An der schönen blauen Donau* (Le beau Danube bleu), *Wiener Blut*…
1810-1856	**Robert Schumann**, musicien romantique.
	▶ Œuvres pour piano, 4 symphonies, *Lieder (Frauenliebe und -leben, Dichterliebe)*. Sombra dans la folie. Sa femme, Clara Schumann, était une célèbre pianiste.
1811-1886	**Franz Liszt**, pianiste virtuose et compositeur. ▶ Musique pour piano, poèmes symphoniques, *Lieder*. Sa fille Cosima épousa Richard Wagner.
1813-1883	**Richard Wagner** créa en 1876 son propre opéra à Bayreuth avec l'aide du roi Louis II de Bavière. Il écrivait le texte et la musique de ses opéras.
	▶ *Der fliegende Holländer* (Le Vaisseau fantôme), *Der Ring des Nibelungen, Tristan und Isolde, Parzival*.
1833-1897	**Johannes Brahms.**
	▶ 4 symphonies, un concerto pour violon, deux pour piano, *Deutsches Requiem, Lieder*.

▌20ᵉ siècle

1860-1911	**Gustav Mahler**, chef d'orchestre et compositeur autrichien.
	▶ 10 symphonies, cycles de *Lieder* (*Kindertotenlieder, Das Lied von der Erde*).
1864-1949	**Richard Strauss**, compositeur allemand.
	▶ Opéras en collaboration avec Hofmannsthal : *Salomé, Der Rosenkavalier* (Le chevalier à la rose), *Arabella, Die Frau ohne Schatten* (La femme sans ombre).
1874-1951	**Arnold Schönberg**, autrichien émigré aux USA. Inventeur de la dodécaphonie.
	▶ Musique de chambre, quartette pour cordes, *Lieder*, opéras.
1883-1945	**Anton Webern**, dodécaphoniste.
	▶ Œuvres pour orchestre, musique de chambre, *Lieder*.
1926	**Hans Werner Henze**, auteur d'opéras, de ballets, de symphonies et de musique de chambre.
1928	**Karlheinz Stockhausen**, musique sérielle et électronique.

La presse

■ **Les Allemands lisent beaucoup**. Le tirage total des quotidiens est de 21 millions d'exemplaires par jour. Les deux tiers des journaux sont vendus par abonnement. Le prix des journaux est peu élevé.

■ **Il n'y a pas vraiment de presse nationale**, mais beaucoup de journaux locaux, dont certains ont une audience qui dépasse la région.

■ **Principaux quotidiens** (*Tageszeitungen*)

Bild	Journal populaire à sensation qui tire à 4,2 millions d'exemplaires.
Die Welt	Journal installé à Bonn, mais aussi à Hambourg et Berlin. C'est un journal conservateur.
Frankfurter Allgemeine Zeitung	Journal des milieux économiques et financiers de Francfort.
Frankfurter Rundschau	Journal de tendance social-démocrate.
Süddeutsche Zeitung	Journal libéral de Munich.

■ **Principaux hebdomadaires** (*Wochenzeitungen, Magazine*)

Der Spiegel	Grand hebdomadaire politique et critique.
Focus	Hebdomadaire politique et économique destiné à un public large.
Die Zeit	Journal de réflexion politique de haut niveau.
Stern	Magazine illustré, avec des articles politiques, mais aussi de mode, d'actualité grand public.
Hör zu	Le journal de télévision le plus lu.
Für Sie et *Brigitte*	Journaux féminins.

■ **Les grands hebdomadaires** sont diffusés le plus souvent à partir de Hambourg, centre de presse le plus important d'Allemagne.

Compréhension

■ Dans cette partie de l'épreuve **les consignes sont données en allemand** (sauf en section STT, STI).

Voici quelques exemples de consignes :

1. Wie sind folgende Sätze zu verstehen?

Comment comprenez-vous les phrases suivantes?

2. Antworten Sie auf folgende Fragen mit jeweils einem Namen aus dem Text.

Répondez aux questions suivantes en citant chaque fois un nom tiré du texte!

3. Auf wen bezieht sich das unterstrichene Wort?

À qui se rapporte le mot souligné?

4. Richtig oder falsch? Rechtfertigen Sie jeweils Ihre Antwort mit einem Zitat aus dem Text.

Vrai ou faux? Justifiez à chaque fois votre réponse par une citation du texte.

5. Stellen Sie die chronologische Reihenfolge wieder her!

Rétablissez l'ordre chronologique!

6. Welche Aussagen entsprechen der Auffassung des Autors? Begründen Sie Ihre Wahl mit einem Zitat aus dem Text (Nur die richtigen Aussagen sollen begründet werden).

Quelles affirmations correspondent au point de vue de l'auteur? Justifiez votre choix par une citation du texte (Seules les affirmations exactes doivent être justifiées).

■ **Il ne suffit pas d'indiquer les lignes du texte**, mais il faut citer le passage qui prouve que vous avez compris.

■ **Dans un exercice de type « Richtig-Falsch »** (Vrai-Faux), il faut faire la bonne citation. Si la citation ne correspond pas au sens du texte, la réponse sera considérée comme fausse.

Expression

■ **Respectez la forme** sous laquelle on vous demande de vous exprimer : lettre, dialogue, récit…

■ **Respectez le nombre de mots indiqués**. (en général de 60 à 120 mots).

■ **Dans un exercice d'expression guidée** qui fait référence au texte, vous pouvez utiliser certaines formules du texte ou en tout cas vous inspirer du contexte.

■ **Dans un exercice d'expression libre**, on vous demande une réflexion personnelle sur un sujet donné. Cependant, vos idées comptent moins que la forme. Le correcteur ne jugera pas le fond (sauf si vous êtes hors sujet), mais plutôt la qualité de votre rédaction, l'intelligibilité, la logique du raisonnement, l'enchaînement des idées.

Exemples de sujet :

1. Inwiefern sind die Erklärungen als Provokation zu interpretieren?
Dans quelle mesure les explications peuvent-elles être interprétées comme une provocation ?

2. Schreiben sie einen Artikel / eine Reportage darüber!
Écrivez un article / un reportage sur ce sujet !

3. Verfassen Sie den Brief! Erfinden Sie den Dialog!
Rédigez la lettre ! Inventez le dialogue !

4. Behandeln Sie das Thema a oder b!
Traitez le sujet a ou b !

5. Was ist Ihrer Meinung nach die Rolle der Werbung?
Quel est à votre avis le rôle de la publicité ?

6. Was halten Sie von dieser Entwicklung?
Que pensez-vous de cette évolution ?

Version (très importante en L)

Übersetzen Sie ins Französische : Zeile xxx bis Zeile xxx
Traduisez en français de la ligne xxx à la ligne xxx

■ **Il faut essayer de tout traduire**, de ne pas laisser de blancs. On peut deviner les mots inconnus par le contexte, ou par la formation du mot (mot composé, dérivation).

■ **Votre épreuve sera corrigée par unités de sens** et non pas par mot. Les fautes ne s'additionnent pas pour l'ensemble du texte, et les passages bien traduits sont valorisés. Éloignez-vous un peu du texte plutôt que de faire du mot à mot si vous pouvez ainsi mieux rendre le sens en français. Relisez-vous et demandez-vous si votre français est compréhensible pour un lecteur extérieur.

Relire son devoir

Gardez cinq minutes pour vous relire et privilégiez la partie «Expression».

■ **Veillez à la place du verbe, à la conjugaison** : le sujet est-il singulier / pluriel ? Le verbe est-il faible / fort ?

■ **Veillez au cas après les prépositions** : accusatif ou datif / locatif ou directif ?

■ **Interrogez-vous sur les adjectifs**. Sont-ils attributs, donc invariables ? Épithètes et donc déclinés et accordés ?

■ **Évitez les changements de sujet** dans la même phrase. Ne passez pas de *man* à *wir* par exemple.

■ **Terminez une subordonnée** avant d'en commencer une autre.

Ich glaube, dass er Recht hat, wenn er das sagt.
Je crois qu'il a raison de dire cela.

▶ Ce vocabulaire concerne à la fois l'épreuve écrite et l'épreuve orale.

Questions

Worum handelt es sich / geht es hier?
De quoi s'agit-il ici?

Wovon ist die Rede?
De quoi est-il question ?

Was erzählt der Text?
Que raconte le texte ?

Wer sind die Hauptpersonen?
Quels sont les personnages principaux ?

Wie verhält / benimmt er / sie sich?
Comment se comporte-t-il / elle ?

Wie reagieren sie?
Comment réagissent-ils ?

Wo spielt die Szene?
Où se passe la scène ?

Wann spielt sich das ab?
Quand cela se passe-t-il ?

Was kann man daraus schließen? Was geht daraus hervor?
Que peut-on en conclure ? Qu'est-ce qu'il en ressort ?

der Autor, der Verfasser : l'auteur
der Schriftsteller : l'écrivain
der Dichter : le poète
der Held (-en) / die Heldin : le héros / la héroïne
die Person (-en) : le personnage
die Hauptfigur (-en) : le personnage principal
die Geschichte : l'histoire
die Erzählung : le récit
der Auszug (aus einem Roman) : l'extrait (d'un roman)
das Theaterstück : la pièce de théâtre
das Gedicht : le poème
der Artikel : l'article
der Bericht : le rapport
der Titel : le titre

Amorces de réponses

Es handelt sich / es geht um (+ accusatif)…
Il s'agit de…

In diesem Text ist die Rede von (+ datif)…
Il est question dans ce texte de…

Der Text spricht von (+ datif)…
Le texte parle de…

Analyse

Der Text gliedert sich in drei Teile :…
Le texte se divise en trois parties :…

Das Gedicht besteht aus vier Strophen :…
Le poème se compose de quatre strophes :…

Die Auffassung / die Ansicht des Autors…
Le point de vue de l'auteur…

Er vertritt den Standpunkt, dass…
Il défend le point de vue…

Er stellt einen Vergleich an.
Il établit une comparaison.

Er wirft folgende Frage auf :…
Il soulève la question suivante :…

Er stellt (+ accusatif)… *in Frage.*
Il met… en question.

Er gibt ein Beispiel.
Il donne un exemple.

Er spielt auf (+ accusatif)… *an.*
Il fait allusion à…

Er betont / unterstreicht (+ accusatif)…
Il souligne…

Er hebt (+ accusatif)… *hervor.*
Il met… en relief.

Er übt Kritik an (+ datif)…
Il critique…

Es geht daraus hervor, dass… /
Daraus kann man schließen, dass…
Il en résulte que, on peut en conclure que…

Réactions personnelles

Ich denke / meine / glaube, dass… :
Je pense / crois que…

Ich bin der Meinung / Ansicht, dass… :
Je suis d'avis que…

Meiner Meinung nach hat der Autor Recht.
À mon avis l'auteur a raison.

Ich nehme an / vermute, dass… :
Je suppose que…

Ich bin (nicht) sicher, dass… :
Je (ne) suis (pas) sûr que…

Ich bin überzeugt, dass… :
Je suis persuadé que…

Ich habe den Eindruck, dass…
J'ai l'impression que…

Ich finde es gut / richtig, dass…
Je trouve bien / juste que…

Ich bin damit (nicht) einverstanden.
Je suis (ne suis pas) d'accord avec cela.

Ich teile diese Meinung (nicht).
Je partage (ou non) cette opinion.

Ich stimme dem Autor zu.
J'approuve l'auteur.

Das stimmt nicht, das ist falsch.
C'est inexact / faux.

Mir fällt auf, dass… :
Je remarque que…

Man kann sich fragen, ob… :
On peut se demander si…

Wir stellen fest, dass…
Nous constatons que…

Darüber lässt sich streiten.
On peut en discuter.

Darüber gehen die Meinungen auseinander.
Les avis divergent sur ce point.

Das kann man bezweifeln.
On peut en douter.

▶ Ceci concerne l'épreuve orale mais aussi quelquefois la partie « Expression » de l'épreuve écrite.

■ **Le document iconographique** que vous aurez à commenter peut être une image, un tableau ou une photo.

■ **Le terme allemand** *das Bild* convient pour les trois. Mais il existe d'autres termes plus spécifiques :

das Gemälde (der Maler)	le tableau (le peintre)
das Foto (der Fotograf, *masculin faible)*	la photo (le photographe)
die Bildgeschichte, der Comic(s)	la bande dessinée
die Zeichnung (der Zeichner; *der Karikaturist,* masculin faible)	le dessin (le dessinateur ; le caricaturiste)
das Werbefoto / die Werbung	la publicité

Description de l'image

Das Bild stellt eine Straßenszene dar.	La photo représente une scène de rue.
Auf dem Bild…	Sur la photo, le tableau…
Wir sehen da…	Nous y voyons…
In der Mitte, im Mittelpunkt…	Au centre…
Rechts / links steht…	À droite / à gauche se trouve…
Oben / unten sieht man…	En haut / en bas on voit…
Im Vordergrund…	Au premier plan…
Im Hintergrund…	À l'arrière-plan…
Auf der Seite…	Sur le côté…
Die Szene spielt in Wien.	La scène se passe à Vienne.
Es spielt sich in Berlin ab.	Ça se passe à Berlin.
Es findet nach dem Krieg statt.	Cela a lieu après la guerre.
Vor 20 Jahren…	Il y a 20 ans…
Früher / heute…	Hier / aujourd'hui…
Das Ganze wirkt komisch / lächerlich…	L'ensemble a un effet comique / ridicule
Die Einzelheit / das Detail…	Le détail…
Der Kontrast zwischen (+ datif)… und…	Le contraste entre… et…

Commentaire de l'image

■ *Das Foto / das Bild / die Fotomontage* (le photo-montage)

der Rahmen	le cadre
das Licht	la lumière
die Farbe	la couleur
die Landschaft	le paysage
Es sieht aus, als ob…	On dirait que…
Das sieht wie… aus.	Cela ressemble à…
Es spricht mich an.	Cela me touche.
Es beeindruckt mich.	Cela m'impressionne.

■ Die Bildgeschichte / der Comic

die Reihenfolge	l'ordre, la succession des images
am Anfang / Ende	au début / à la fin
sich wiederholen	se répéter
sich mit einem Thema befassen	traiter un sujet
witzig / humorvoll	spirituel / humouristique

■ Die Karikatur

übertreiben (ie, ie)	exagérer
über (+ accusatif)… *lachen*	se moquer de
sich über (+ accusatif)…	se moquer de
lustig machen	
jn verspotten	tourner en dérision
die Gesellschaft kritisieren	critiquer la société
der Humor	l'humour
die Satire	la satire
Das ist ironisch gemeint.	L'intention est ironique.

■ Die Werbung

für etwas werben	faire de la publicité pour…
das Plakat	l'affiche
die Anzeige (in der Zeitung)	l'annonce (dans le journal)
der Slogan / Werbespruch	le slogan
das Publikum	le public
der Verbraucher /	le consommateur
der Konsument (-en)	

das Ziel erreichen	atteindre le but
die Zielgruppe	le groupe-cible
anziehen / locken	attirer / persuader
jn überreden / überzeugen	convaincre qqn
betrügen	tromper

▶ Vous disposez de vingt minutes de préparation. Utilisez les au mieux !

Déroulement de l'épreuve

■ **Vous présentez une liste de textes étudiés** dans l'année et signée par le professeur. Vous serez interrogé sur l'un de ces textes.

■ **En section L ou ES langue de spécialité,** vous devrez présenter également une œuvre complète. Vous serez interrogé sur cette œuvre ou sur un texte étudié ainsi que sur un document inconnu présenté par l'examinateur.

Lecture du texte

■ **Lisez d'abord le texte à voix basse** en faisant attention aux écueils. Marquez bien les accents de mot et de phrase et n'oubliez pas les "*h*" (qu'il faut souffler).

■ **Différenciez les sons.**
ich (Pech, Dächer, Löcher, Bücher) ↔ *ach (Loch, Buch);*
ich ↔ *isch (Tisch)*

■ **Faites attention aux voyelles avec ¨ (*Umlaut*).**
ä = *e:*   ö = *oe*   ü = *u (u = ou)*
et aux diphtongues :
Frau = ao   Feuer = oï   Reis = aï   wie = i long.

■ **Les groupes *st* et *sp* se prononcent cht et chp.**

■ **Le groupe *ng* se prononce nj** sans appuyer sur le *g* comme dans ping-pong.
der Jun(g)e : le garçon

■ **Il n'y a pas de liaison en allemand,** mais toutes les lettres se prononcent. **Ne coupez pas les unités de sens** par des pauses intempestives qui donnent un caractère haché à votre élocution.
Es war / ein denkwürdiger Morgen // , als wir / Onkel Fred / halfen //, die frischgefüllten Eimer / an die Straßenbahnhaltestellen / zu bringen //, wo er / sein Geschäft / startete.

(Heinrich Böll, *Mein Onkel Fred,* 1951)

/ fin d'unité de sens   // coupure nécessaire

Compte rendu et entretien

■ **Prenez des notes** pour présenter un compte-rendu ordonné du texte, mais évitez de rédiger un texte entier que vous lirez ensuite. N'apprenez pas non plus un résumé par cœur : cela se sent et peut être sanctionné par l'examinateur qui vous arrêtera.

■ **Faites preuve de spontanéité** : demandez par exemple un mot qui vous manque à l'examinateur ou reprenez-vous pour corriger une erreur.

■ **Écoutez bien les questions** ou interventions de l'examinateur, destinées à vous aider ou à vous faire préciser un point particulier.

■ **Sachez toujours dire en allemand** votre âge et votre date de naissance. Sachez également parler de vos projets après le bac, par exemple des études que vous envisagez de faire. N'hésitez pas à parler de vos contacts avec les pays germanophones.

L'Allemagne

■ L'Allemagne est une **république fédérale depuis 1949.** Elle comprend depuis la réunification en 1990 **seize régions (Länder)** relativement autonomes. **Chaque région a son parlement (der Landtag) et son gouvernement,** avec un président du conseil *(Ministerpräsident)* à sa tête. On distingue les **anciennes (Allemagne de l'Ouest)** et les **nouvelles régions (Allemagne de l'Est).**

■ **Anciennes régions** *(alte Bundesländer)*

Région	Capitale	Nbre d'hab. (en million)
Berlin	ville-État (Stadtstaat) ; capitale fédérale réunifiée	3,5
Schleswig-Holstein	Kiel	2,7
Hambourg	ville-État (Stadtstaat)	1,7
Basse-Saxe	Hanovre	7,8
Brême	ville-État (Stadtstaat)	0,68
Rhénanie du Nord-Westphalie	Dusseldorf	18
Hesse	Wiesbaden	6
Rheinland-Pfalz	Mayence	4
Sarre	Sarrebruck	1,1
Bade-Wurtemberg	Stuttgart	10,3
Bavière	Munich	12

■ **Nouvelles régions** *(neue Bundesländer)*

Région	Capitale	Nbre d'hab. (en million)
Mecklembourg-Poméranie occidentale	Schwerin	1,8
Brandebourg	Potsdam	2,5
Saxe-Anhalt	Magdebourg	2,75
Saxe	Dresde	4,6
Thuringe	Erfurt	2,5

■ **Le gouvernement fédéral** siège à Berlin depuis 2000. Le chef du gouvernement est le chancelier fédéral *(der Bundeskanzler).* Il est élu par la Chambre des députés *(der Bundestag).* Le président de la République *(Horst Köhler)* n'a qu'un rôle représentatif.

	Deutsch
	Französisch
	Italienisch
	Romanisch

Achevé d'imprimer par Mame à Tours - France
Dépôt légal n° 67637 - Septembre 2006